I0461788

Josep Viladomat i Massanas

L'escultor de la República
1899-1989

Albert Lázaro i Arqueros

Cerdanyola, març de 2002

Amb el suport de TOT CERDANYOLA

Edita: Ajuntament de Cerdanyola del Vallès
Preimpressió: Tot Cerdanyola
Impressió: Gramagraf, SCCL
D. L. B-12722-2002

Portada: Marutxi Beaumont
Segona edició

*Dedicat al meu inoblidable mestre i formador,
en Jaume Mimó i Llobet.*

Índex

Agraïments

Hom vol donar les gràcies a les persones que amb la seva aportació oral o documental, han contribuit decissivament a fer possible que aquest llibre surti a la llum:

Albiñana, Ramon (Cerdanyola)
Almendros, Francisco (fotògraf, Cerdanyola)
Ainaud Escudero, Joan Francesc (Barcelona)
Beaumont, Marutxi (Cerdanyola)
Cardona, Octavi (fotògraf, Barcelona)
Claparols, Ramona (bibliotecària de Manlleu)
Farell, Trinitat (Cerdanyola)
Garriga, Josep (escultor, Cerdanyola)
Garsaball, Miquel (Cerdanyola)
Lozano, Rosario (Cerdanyola)
Medina, Ricard (escultor, les Escaldes-Engordany)
Mimó Sarrablo, Jaume (Cerdanyola)
Mimó Sarrablo, Maria del Pilar (Cerdanyola)
Pous, Maria Rosa (historiadora d'art, Manlleu)
Rodríguez, Josè (fotògraf, Cerdanyola)
Sánchez, Miquel (historiador, Cerdanyola)
Viladomat, Adelaida (Escaldes-Engordany)
Viladomat, Emilia (Barcelona)
Viladomat, Francesc (Escaldes-Engordany)

Pròlegs

Pròleg

Aquest llibre és un compendi de la biografia i l'obra de Josep Viladomat, l'escultor que visqué alguns anys de la seva joventut a Cerdanyola, i al qual l'autor vol retre homenatge en motiu del centenari del seu naixement. Josep Viladomat va ser un escultor que es va moure sempre dins les coordenades de l'academicisme, és a dir, de l'interès per plasmar en la pedra o el metall, el fang o l'escaiola, la realitat visual, el món que l'envoltava, amb la precisió i el naturalisme que li conferia la composició ordenada i les formes harmòniques amb que executava les obres, per la qual cosa ve rebre encàrrecs de llocs i gent ben dispars.

Per a la realització d'aquest llibre, l'autor ha consultat, pràcticament, tota la bibliografia que existeix sobre l'artista, i a més ha comptat amb la informació oral que ha pogut recollir d'aquells cerdanyolencs que encara el recorden de quan vivia a la ciutat.

El tema central del llibre és un recorregut per la vida de J. Viladomat, des de la seva infància a Manlleu, fins l'assentament definitiu al país andorrà, on va romandre fins el final dels seus dies, passant per l'època bohèmia de formació artística a Barcelona; per els anys en què va viure a Cerdanyola on va treballar i formar una família; pel refugi a Montserrat en els anys de la Guerra Civil i per l'exili a França en la postguerra. En cada una d'aquestes èpoques se'ns explica en quines obres treballava l'escultor, i així podem veure que la vida i l'obra es complementen i es fa evident la finalitat i els objectius que movien a l'artista a executar cadascuna de les seves creacions.

Entorn del tema central hi ha tota una altra quantitat d'informació important, relativa a la política, la societat, els costums..., etc., que, segurament, ha sorgit a l'hora de consultar documents de l'època en que Viladomat viu a Cerdanyola, i en la que l'escultor directa o indirectament hi estava implicat. Tota aquesta sèrie de detalls, anècdotes, precisions històriques, etc. fan més fàcil identificar-nos amb el moment històric, veure com era la vida quotidiana en les primeres dècades del segle a la ciutat, i tanmateix, apropar-nos a la persona, Viladomat, un home afable, bromista, de veu ronca i comunicació molt directe.

Aquest llibre és l'obra d'un home, l'Albert Lázaro, que ens demostra la seva profunda estimació per la seva ciutat i pel món de l'art i la cultura, en general. Si ha fet aquest estudi exhaustiu sobre l'obra de Josep Viladomat és perquè se sent atret per les arts escultòriques, cosa no gens estranya, ja que la seva professió ha sigut la de les arts de la construcció, és a dir, ha treballat els mateixos materials que fan servir els escultors: la pedra, el guix, el fang, els metalls i la fusta, bàsicament, i igualment com ells, els hi hagut de donar forma. A més, encara, va tenir la sort de formar-se amb un mestre-constructor, J. Mimó, que li va donar a conèixer, no solament l'ofici, sinó també l'interès per la cultura i les arts plàstiques.

Però, crec que a l'Albert, encara més que l'admiració per l'art, li entusiasme poder treballar un tema vinculat amb la història de la seva ciutat, sigui quin sigui. Quan el vaig conèixer, en motiu del treball d'investigació sobre Viladomat, em va sorprendre enormement, la passió amb que treballava, l'autoexigència que s'imposava per fer un treball acurat, científic, amb tot el rigor possible, cercant informació a una banda i una altra, sense escatimar cap esforç, i amb una il·lusió més pròpia d'un adolescent que d'un home madur. Sense pensar-ho dos cops se'n ha anat a remoure arxius a Manlleu; a visitar els descendents de Viladomat a Andorra, a veure els museus on l'escultor hi té obres; a trucar portes d'Ajuntaments i a connectar amb totes aquelles persones que li podien oferir informació. Per tot això l'admirem, per la seva dedicació i tenacitat, i perquè amb el seu exemple ens demostra que encara que els anys passin, podem seguir actius i gaudir realitzant aquelles tasques que a cadascu li són més satisfactòries.

Com a manlleuenca i com historiadora d'art em plau doblement que surti a la llum aquest llibre que ens ajuda a conèixer una mica més a aquest escultor que va viure a casa nostra, i més encara, haver tingut l'oportunitat de poder-lo prologar.

Manlleu, 17 d'Abril de 2000

M. Rosa Pous
Historiadora d'Art

Albert Lázaro, Josep Viladomat i Cerdanyola

L'expressió artística a Cerdanyola ha gaudit de fills nadius i d'adopció que, al llarg del segle XX, han dei-
xat la seva empremta en el poble. D'altres disciplines artístiques, com la pintura o la música, llevat de
les naturals excepcions, no han gaudit d'una proliferació tan rica i acurada com l'escultura. Mestres del
fang i la pedra, del marbre i el bronze, un reguitzell d'artistes, com Josep Viladomat, Francesc Juventeny,
Josep Garriga, Elisa Arimany i Salvador Mañosa, per anomenar els més recents –o més coneguts- han
donat a Cerdanyola una imatge plàstica, de vegades, no massa coneguda, que fa que puguem parlar, mal-
grat la individualitat pròpia de cada artista, de l'escultura com una manifestació característica de la vila
vallesana en el segle que tanquem.
Permeteu-me la llicència d'aplegar aquests dos noms, Josep Viladomat i Albert Lázaro, malgrat que la
diferència d'edat i els seus treballs respectius els van mantenir més aviat separats, però hi ha nexes d'u-
nió que obliguen a posar-los l'un al costat de l'altre. Tots dos han viscut la Cerdanyola del segle XX, enca-
ra que la Cerdanyola d'en Viladomat no tingui res a veure amb la Cerdanyola de l'Albert Lázaro. Moltes
de les idees de modernitat, quant a la convivència en societat i l'expressió artística o cultural, formen part
del bagatge vivencial d'ambdós. A més, tots dos han estat homes de poble. Viladomat ha mantingut sem-
pre viu el nexe amb el seu poble de Manlleu i l'Albert ha treballat sempre a Cerdanyola i per Cerdanyola.
I aquest fet és important, en un temps com l'actual que les grans capitals metropolitanes, es mengen o
integren dins seu la vida pròpia de les ciutats mitjanes, les comarques i la ruralia en general. Finalment,
la biografia de Josep Viladomat, escrita per Albert Lázaro, ha acabat d'unir-los encara més.
L'Albert Lázaro i Arqueros és tota una institució a Cerdanyola. Nat al barri de Sant Andreu de Barcelona, el
13 de gener de l'any 1933, va venir a Cerdanyola l'any 1941, acabada la guerra. Des de llavors és veí del
poble i ha viscut sempre al barri de Dalt. L'Albert és una d'aquelles persones incombustibles que tenen tots els
pobles. No defalleixen i són presents arreu de les activitats locals que tenen com a objectiu la recuperació i
la divulgació del nostre passat històric. De petit, l'Albert se sentia atret per Jaume Mimó i Llobet, mestre de
cases com ell i pioner en aquesta tasca de recuperació del llegat col·lectiu cerdanyolenc. La premsa local i
comarcal li ha dedicat alguna lloança, en forma d'article, entrevista o text de reconeixement.[1]
L'Albert ha estat conegut a Cerdanyola per diverses circumstàncies, professionals, culturals i polítiques.
Fins a la seva recent jubilació ha desenvolupat l'ofici de mestre de cases. També ha format part d'insti-
tucions abastament cerdanyolenques com "Els Novells" i el "Ball de Gitanes". Amb la instauració de la
democràcia, l'Albert ha format part de diversos grups polítics locals i en els darrers anys ha destacat la
seva aportació escrita en forma de crònica periodística o de recollidor de dades documentals, gràfiques
i orals. "Recopilador d'història local" o simplement "d'històries", com ell mateix es denomina.
En el seu component cultural, l'Albert Lázaro ha format part del Congrés de Cultura Catalana i de diver-

1. El 9 Nou, 5-1-98, entrevista de Xavier Poza; Tot Cerdanyola, "El cerdanyolenc Albert Lázaro finalitza la construcció del "bany ecològic", núm. 554, 3 a 9-4-98.

2. L'Albert Lázaro, com incansable recopilador de la història local de Cerdanyola i altres menys locals i més generals, ha publicat entre 1982 i 2000, una trentena d'articles en els mitjans de comunicació local, com "La Veu de Cerdanyola", "Riu Sec", "Tot Cerdanyola" i "El Diari de Cerdanyola". El títol d'alguns d'aquests articles és prou eloqüent per explicar l'abast cronològic i temà-tic dels seus treballs: "Col·leccionisme. Filatèlia" (1983-84), "Els donants de sang i la sida" (1985), "Comissió per l'Escut i la Bandera" (1986), "La Penya Ciclista 'Victòria' de Cerdanyola" (1998), "La Granja Flor de Maig" (1998), "1r centenari de les gue-rres de Cuba, Filipines i Puerto Rico" (1998), "Josep Soler i Valentí" (1998), "Centenari Carles Buigas" (1998), "La festa de Sant Antoni Abat" (1999), "Cerdanyola, el poble del vi" (1999) i set articles sobre els castellers (2000).

3. Cal recordar les cinc obres de Viladomat pròpiament cerdanyolenques que, com ens diu l'Albert, alguna va restar inacabada i d'al-tres van ser malmeses, de resultes de la caiguda de la República. Van ser tres plaques de carrers, en honor a Francesc Layret, Anselm Clavé i Josep Togores, una "Pietat" pel panteó de la família Altimira al cementiri local; i un monument al·legòric a la República, a la plaça Sant Ramon.

ses comissions cerdanyolenques com van ser les de l'Escut i la Bandera, del Patrimoni Arquitectònic i Històric, de l'Alsina Surera i del Museu de Cerdanyola.

Campanyes com recuperar el topònim "Cerdanyola" davant l'oficial "Sardanyola" i salvar Canaletes; utòpies com la socialista de Joan Raventós o l'eliminació dels abocadors clandestins de la Serra de Collserola; centenaris com el de Jaume Mimó; o mil·lenaris com el de Sant Iscle de les Feixes, Albert Lázaro sempre ha estat present com a capdavanter en totes aquestes manifestacions en els darrers 25 anys.

Entre 1982 i 1998 ha mantingut una important tasca de recuperació i recopilació d'importants dades històriques pròpies de la història local, ja sigui referida a personatges, entitats o aspectes diversos de la població.[2]

Darrerament, de resultes de la constitució de l'Associació d'Antiquaris de Cerdanyola-Ripollet, l'Albert ha estat un dels impulsors i ha format part de la primera Junta Directiva de l'Entitat.

El darrer treball d'història que ha fet ha estat retre el seu homenatge personal amb la reconstrucció de la vida de l'escultor Josep Viladomat i Massanas (1899-1989), "l'escultor de la República", un home que, segons sinopsi de l'Albert, té una vida que podem resumir, simbòlicament, mitjançant els quatre punts cardinals. Viladomat va néixer per llevant, en terres de Manlleu l'any 1899; va davallar ben aviat cap al sud, a Badalona (1909-11) i Barcelona (1911-23); se'n va anar cap a ponent, primer a Cerdanyola (1923-39) i després a Montserrat (1936-37); per acabar al nord, entre els camps de concentració francesos (1939) i la residència a Andorra (1940-89). L'Albert ha anat a Manlleu i Andorra, ha parlat amb el fill de Viladomat i ha aplegat un munt d'informació escrita i gràfica, dispersa, sobre la figura de l'artista.

El resultat del seu treball ha estat un text manuscrit d'una cinquantena de pàgines. Es tracta d'una biografia de Josep Viladomat que comença amb la seva formació artística fins a l'any 1932, segueix amb l'estada decisiva a Cerdanyola[3] on Viladomat coneix Emília, la filla del modelador italià Albert Lena i es casa; fa "La flama", el monument a la Primera República i pren com a model per la figura femenina una noia de Cerdanyola; esculpeix una "Pietat" en marbre que avui es troba deseixida, a la intempèrie, al cementiri de Cerdanyola, i que com homenatge pòstum caldria restaurar; coneix Josep M. Roviralta, el fundador d'Uralita, que tenia l'esperit d'artista i un compte corrent abundós que li permetia fer de mecenes i finançar moviment culturals; i participa en la vida estiuenca i en el moviment cultural que hi havia en aquells anys a la vila. A més d'artista, Viladomat donava la imatge de bohemi, hedonista i amant del gaudi i l'esbarjo.

El treball d'Albert Lázaro prosseguieix sobre el període de la guerra i la difícil postguerra. Diu que durant la Guerra Civil, Viladomat va tenir cura del salvament i la protecció del patrimoni artístic, especialment a Montserrat (1936-37). Amb l'exili a França, la vida de Viladomat va canviar dràsticament i ja no tornaria a Cerdanyola. Picasso va pagar perquè Viladomat i d'altres sortissin del camp de concentració. Tot seguit l'any 1940 va realitzar el monument a Casals que es va erigir a Prada de Conflent. De França estant i davant el perill de Hitler, Viladomat passa a les Escaldes d'Engordany, Andorra, on arrelarà, acompanyat de la seva família.

L'escultor i el seu fill van fundar el 1986 el Museu Viladomat a la població andorrana. També Manlleu, poc abans de la seva mort, el 2 de juny de 1989, va retre-li un homenatge i va preparar una exposició amb obres de l'autor. La població de Cerdanyola hauria d'agrair els setze anys que Viladomat va viure a la vila i les quatre obres principals que va fer. Res més normal que reconèixer-li la seva aportació cerdanyolenca amb la dedicació d'un carrer amb el seu nom, com ja va fer l'Ajuntament republicà amb el pintor Josep de Togores i l'Ajuntament actual amb l'arquitecte Eduard Balcells, per esmentar dos casos destacables.

Tanmateix, el veritable homenatge i reconeixement públic a la figura de Josep Viladomat no seria cap altre que la restauració i recuperació de la "Pietat" exposada a l'aire lliure, dins del cementiri i que s'està malmetent irreversiblement per l'acció inexorable del temps. Fa onze anys de la mort de Josep Viladomat i encara no té cap biografia publicada.

Per acabar, tornaré a l'Albert Lázaro per agrair-li el llibre, la publicació del qual era necessària, per omplir el buit biogràfic que actualment existia sobre la figura de Josep Viladomat, l'escultor de la República.

Miquel Sánchez i González

Cerdanyola, juny de 2000

Josep Viladomat i Massanas

L'escultor de la República
1899-1989

Reconeixements i fonts orals

Seria ingrat i imperdonable pels ciutadans de Cerdanyola no recordar que el dia 22 de març de 1899 naixia a Manlleu (Osona) en Josep Viladomat, un dels més celebrats escultors que ha donat la nostra nació i que residí al nostre poble 14 anys.

Ara que som dins del 103è aniversari del seu naixement, aquest recopilador d'històries vol, des d'aquestes pàgines, retre un sentit homenatge a l'home i artista que va saber connectar amb la gent del nostre poble tantost arribar-hi; encara avui hi ha gent antiga del poble que recorda aquell home de mitjana estatura, de caràcter simpàtic, murri, bromista i comunicatiu, amb veu escardellada o baix dels Cors d'en Clavé, i fumador empedernit.

A l'època que Viladomat va residir a Cerdanyola (1922?-1936), qui subscriu encara no vivia al poble, ja que soc arribat l'any 1941, a la curta edat de 8 anys, per la qual cosa no vaig tenir el plaer de conèixer-lo personalment, però sí que de jovenet oïa parlar de l'escultor Viladomat, per boca del seu gran amic Jaume Mimó i Llobet que, al mateix temps, era el meu mestre d'obres i amic personal fins a la seva mort.

També he tingut informació directa per part de l'amic Miquel Garsaball que l'any 1939 va entrar d'aprenent d'escultor al taller del gran escultor local en Francesc Juventeny i Boix, amic i col·laborador d'en Josep Viladomat, que durant diversos anys esculpí encàrrecs modelats per l'escultor manlleuenc, al taller del carrer de les Vinyes de Cerdanyola. És per aquesta raó que en Garsaball va oir moltes anècdotes d'en Viladomat contades pel seu mestre Francesc Viladomat, àdhuc en Garsaball va conèixer i parlar amb Viladomat quan l'any 1967 va anar a treballar al Principat d'Andorra, contractat per Francesc Viladomat, fill petit de l'escultor, per a construir el primer telecadira al Principat d'Andorra, al Pas de la Casa. En Francesc Viladomat va ser campió d'Espanya d'Esquí els anys 1950-56.

També tenim referències orals sobre l'escultor Viladomat per boca de l'escultor cerdanyolenc, l'amic Josep Garriga i Sauló, que va treballar en obres d'en Viladomat els anys 1967-68, i va visitar diverses vegades el taller d'en Viladomat, que aquest tenia al carrer Sarasate de Barcelona, a la part alta de la Diagonal..

Biografia i formació d'un escultor (1899-1923?)

A partir d'ara entrarem a relatar un extracte cronològic de la vida i obra d'en Josep Viladomat i Massanas. Les dades han estat espigolades de llibres, articles de revistes i periòdics de diverses èpoques que els historiadors, cronistes i crítics d'art ens han deixat a l'abast per què nosaltres ens puguem assabentar de l'origen, formació, tarannà, petjades i obra d'aquest insigne escultor, així com mitjançant conversacions orals amb els seus fills, Mª Rosa, Adelaida i Francesc, que actualment resideixen a Les Escaldes-Engordany (Andorra).

Hom ha trobat diferents dates del naixement d'en Josep Viladomat; les diferents fonts consultades, donen les següents: 22 de març, 23 de març i 22 de maig. Però la data exacta, extreta del Registre

Civil de Manlleu, no es cap altra que la de 22 de març de 1899.

El dia 22 de març de 1899 neix a Manlleu (Osona) en Josep Viladomat i Massanas, darrer fill del matrimoni format per en Pere Viladomat i Punsa, fuster i barber, i na Ramona Massanas i Mir. El pare era fill de Saldes (Berguedà) i la mare de Manlleu. A la pila baptismal de la parròquia de Santa Maria de Manlleu li fóren imposats els noms de Josep, Jaume i Vicenç. La casa natalícia s'escaigué en el carrer del Pont, núm. 44, immoble actualment reconstruït, ja que estava molt malmenat pel flagell de la inundació del riu Ter, de

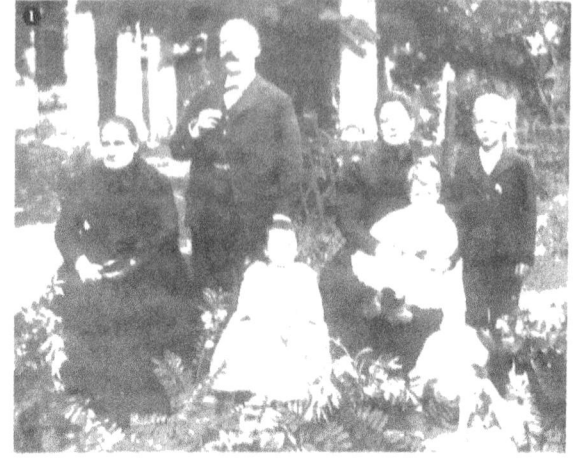

l'octubre de 1940. La família del nostre artista està composta pel matrimoni, dos nois i una noia. En Josep fou el quart fill del matrimoni, i per tant, el "caganiu". Ell mateix manifestava que quan els seus germans -els nens i la nena- eren grandets, es va fer la tradicional fotografia familiar, sense comptar que vindria l'increment d'un nou plançó, creient per tant que el grup ja era definitiu.

L'any 1909, la família de Viladomat es trasllada a viure a Badalona. El motiu de deixar Manlleu fou a conseqüència dels avalots esdevinguts a Barcelona i altres poblacions industrials de la província el juliol de 1909. Aquells fets coneguts com la Setmana Tràgica tingueren també una important incidència a Manlleu, ja que a l'època era un important nucli fabril. Allà també esclata el conflicte entre patrons i obrers, que va culminar amb una vaga general amb efectes violents i foren cremades algunes fàbriques. Els patrons i la gent benestant foren molestats i perseguits, cosa que provoca la fugida de molts d'ells. Com sia que la barberia de Pere Viladomat era freqüentada per gent benestant de Manlleu, els vaguistes consideraven els Viladomat com els barbers dels rics. En aquest ordre de coses i per evitar possibles represàlies, decidiren marxar de Manlleu.

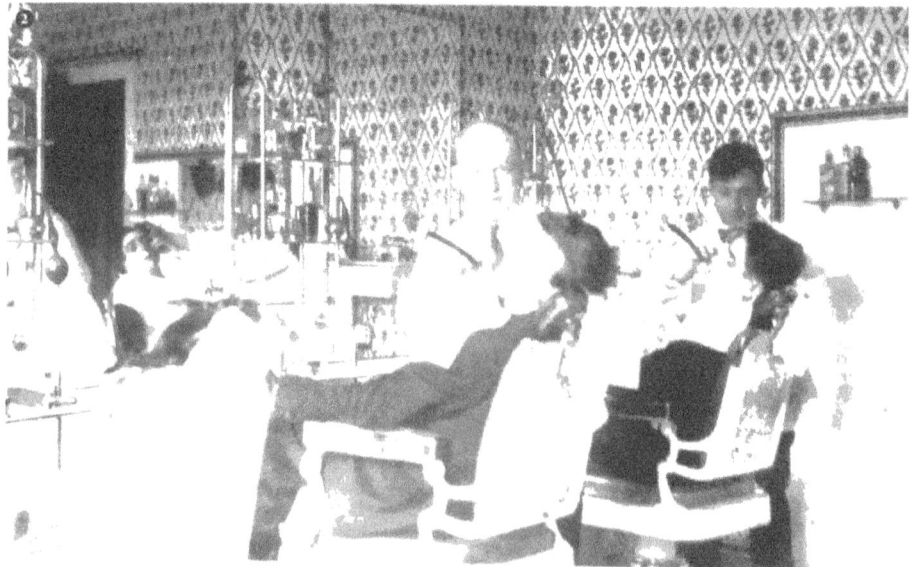

Per iniciativa de Joan Viladomat, el fill gran de la família, de 24 anys, casat feia poc temps amb una noia manlleuenca decidiren, tal com ja hem comentat anteriorment, afincar-se a Badalona. El pare del futur escultor va matricular-lo a l'escola, però ell acostumava a fer campana, no per anar a passejar o per anar a jugar amb els vailets de la seva edat, sinó per acompanyar i ajudar a l'escultor Eusebi Arnau, un home una mica sord que l'estimava molt. Durant gairebé un any no es va presentar a escola, es pot dir que gairebé no la va frequentar. Tot el que sabia ho va aprendre després. Es clar que el seu pare es va assabentar de les campanes, però l'exposa clarament que la seva vocació era d'escultor. Fou en aquest taller badaloní on el futur escultor va fer sa primera obra, una carbassa, que el seu pare feia servir de cendrer.

L'any 1911 la família Viladomat s'instal·là a Barcelona, el pare va muntar una barberia al carrer Tamarit, i inscriví al jovenet Josep al Col·legi d'Escolapis de Sant Antón. L'afecció escolar fou semblant a la de Badalona, sempre perdent els llibres, perdent les classes i naturalment exposat a les repulses paternes.

En Josep, aleshores, va decidir demanar treball i s'adreçà a l'escultor Rafael Atché, l'autor de l'estàtua del monument a Cristòfol Colom, i la d'en Pau Claris, entre d'altres. Quan es planta davant del mestre, aquest li va preguntar, -Quants anys tens? - dotze anys- doncs has d'anar a col·legi. La recomanació fou inútil, en Viladomat volia ser escultor, i la resta el tenia sense compte, però el vailet, obsessionat, va descobrir que en Atché era miop i, per tant, li costava tancar i obrir la porta metal·lica del taller. El futur escultor es presentava cada matí i cada vespre per ajudar-lo a obrir i tancar la porta. Atché va comprendre la vocació del noi i es posà en contacte amb el Sr. Viladomat, i aquest estigué d'acord que en Viladomat fos escultor, si així ho desitjava.

Així és que entrà d'aprenent al taller del Sr. Rafael Atché, però allà no es guanyava ni un cèntim. Poc temps després, tenint necessitat de guanyar alguns calerons, passa a treballar per al picapedrer Pau Carbonell.

En aquest obrador pica la font projectada per Venanci Vallmitjana, la qual posteriorment fou col·locada davant l'Hotel Ritz de la Gran Via de les Corts Catalanes, i el Monument a les Corts de Cadis, d'Aniceto Marinas.

El 1912 l'escultor Joan Borrell i Nicolau li ofereix d'anar al seu taller. En aquest taller treballava sense cobrar res, esculpirà una sèrie d'escultures de les diferents danses que executava Carme Tórtola i València, per encàrrec de la dansarina en persona, i amb una pietat obtindrà un guardó dotat amb 1000 ptes (de l'època), que fou instal·lat a l'Ajuntament de Barcelona. Amb aquests diners viatjarà a Itàlia. De tornada d'Itàlia entengué que havia de guanyar més diners i en Joan Borrel li busca un mecenes que fou en Joan Artigas Alart per a qui treballarà en temps de la I Guerra Mundial.

En Joan Artigas Alart era un fabricant molt afeccionat a l'escultura. En Viladomat li preparava tot i, a canvi de la seva feina, cobrava 10 ptes. setmanals.

El senyor Artigas tenia una torre a la part alta del carrer Muntaner. Per atansar-se allí, Viladomat havia de prendre el tramvia a la plaça Catalunya. Al costat seu, puja una noia molt maca que va baixar a la mateixa parada que en Viladomat i oh! sorpresa! seguien el mateix camí, els dos entraren al taller del senyor Artigas i, mitja hora després d'haver-la vist, la noia posava tota nua en front d'ell; havia de servir-li de model.

Això succeïa en època de la I Guerra Europea. Artigas Alart era germanòfil, i Viladomat aliadòfil. Quan els aliats patien una derrota, Artigas gastava bromes a Viladomat, però quan era el contrari Artigas procurava esmorzar abans que arribés en Viladomat per no haver de suportar les bromes d'aquest.

En Viladomat, molt murri, va convèncer a la minyona que servís l'esmorzar una mica més tard, i així poder empipar-lo amb els seus comentaris. "M'està amargant la vida!" exclamava Artigas, i en un tres i no res, es cruspia l'esmorzar i fugia donant un cop de porta.

Arribats fins ací, retornem un temps enrera per situar-nos a l'època anterior quan Viladomat arriba a Barcelona, tantost la família s'instal·la al carrer Tamarit, el jovenet Viladomat va fer coneixença d'uns vailets de 13-14 anys, que vivien per aquell barri, que a hores lliures s'entretenien a pedregar-se amb altres xavals també del barri. Aquests vailets van ser per tota la vida amics eterns, tant en els jocs com en les arts, i no podien ser altres que en Joan Cortès i Vidal (pintor i crític d'art), Joan Serra (pintor) i Alfred Sisquella (pintor).

Els mateixos s'adjudicaren el títol de "Els nois del rierol", per què en realitat, els agradava ser-ho. Quan Viladomat entrà a treballar a cal Pau Carbonell, "senyor Pauet", un marbrista que tenia el taller al carrer de Muntaner-Consell de Cent, les tres bones peces anaven a esperar-lo a la sortida. Els treballadors, en veure'ls amb aquelles grenyes, els espetaven: –Grenyuts! Ells responien: –Pencaires! La Carme, germana de Viladomat, tenia un taller de cotilleria al carrer de Sant Antoni Abad. A les golfes, Viladomat instal·là el seu taller. Els tres inseparables anaven a veure'l i la Carme els hi dona-

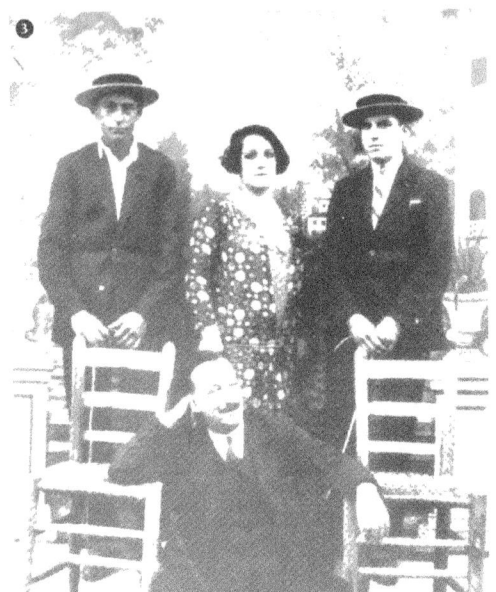
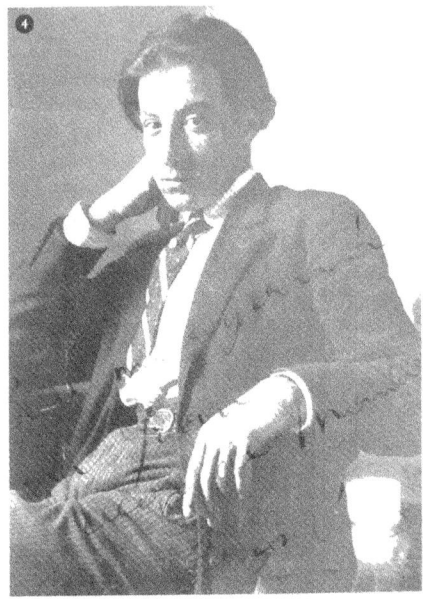

va berenar o dos rals per què se'l compressin. Amb aquest capital s'entaulaven a una taverna que ell anomenava "La catedral", situada al carrer Lleona i, amb 10 cèntims cadascun, s'atipaven de molt pa i sardines en escabetx, i allí, entre sardina i sardina, asseguts al voltant d'una taula de marbre, feien les seves tertúlies i filosofaven i filosofaven, però de feina poca.

S'afaitaven poc, lluïen xamberg i xalines, per a representar més bohemis a l'extern, per que en l'esperit ja ho eren. Com ja s'ha dit, Viladomat treballava amb l'escultor Borrell i Nicolau, home molt titllat, que vestia sempre a l'últim crit. Borrell solia regalar a Viladomat barrets vells, corbates i faixes de seda, que aleshores les portaven la gent elegant. Nostre jove escultor les lluïa molt cofoi i, quan s'avorria de portar-les, les regalava als altres companys seus.

Era l'època daurada de la bohèmia, un temps que dedicaven més a beure que a treballar, això sí, sense renunciar a l'art. Tots fumaven en pipa, s'havien deixat la barba, cantaven molt i per damunt de tot, discutien a cops cridant, de música, pintura, escultura i literatura. L'afecció que sentien per l'art els va decidir un dia a visitar el Museu de Tarragona. Amb més ganes que diners per a viatjar, ja tenim en Joan Serra, Ernest Enguiu, Emili Ferrer, Apel·les Fenosa i en Viladomat, agafaren el camí i a peu anaren fins a Tarragona.

L'any 1916 assisteix amb Sisquella, Serra, Cortès, Fenosa i Granyer a les classes nocturnes, de 7 a 9 del vespre, que donava el mestre Francesc Labarta a l'Escola Municipal d'Arts i Oficis i Belles Arts, al carrer Olm de Barcelona districte V.

Les explicacions i observacions del mestre els tenia captivats i aquell a la vegada veia en ells unes possibilitats que procurava estimular.

També Josep Viladomat, al costat dels seus amics Josep Granyer, Joan Rebull i Apel·les Fenosa, entre d'altres, passaven pel taller del mestre escultor Enric Casanoves, que sabé impregnar als seus alumnes la inspiració arcaïtzant hel·lènica rebuda del seu admirat escultor de principi de segle, el rossellonès Aristeles Maillol.

Aquell mateix any, Serra, Cortés i Viladomat, s'instal·laven en un tercer pis del carrer Guàrdia, núm. 1. Era un magatzem de motlles i reproduccions del moldejador Albert Lena, d'origen tosca, el qual els va demostrar sempre gran simpatia, i després de lloar les excel·lències del local, convingueren un preu, que dit de pas, mai no arribaren a pagar, s'instal·laren allí.[4]

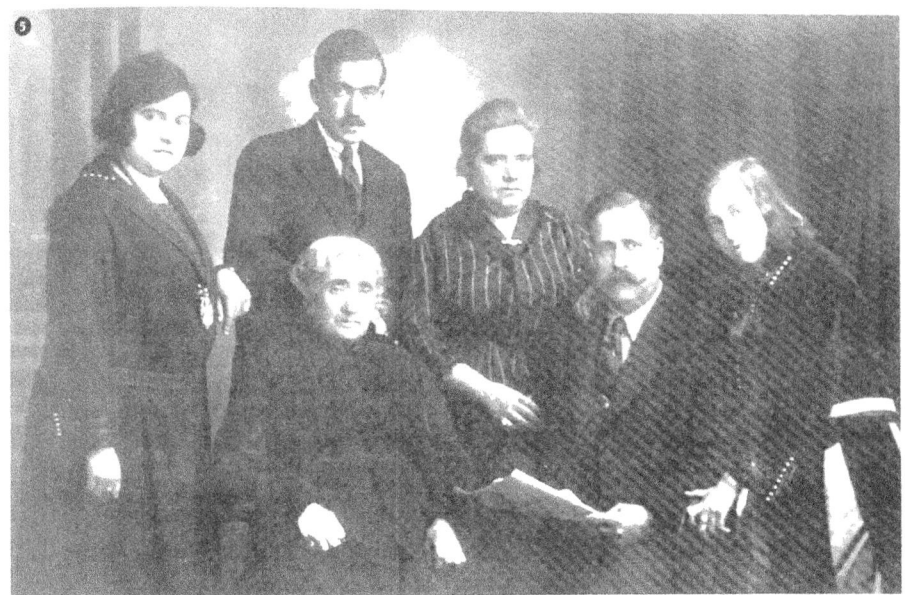

El trasllat es feu amb gran solemnitat... al portar a l'esquena un bust en guix del Zeus d'Olímpia, cinc vegades més gran que el tamany natural...' Al nou taller hi havia un piano, en el que, per cert, en Juli Pons ens distreia amb els seus recitals i una otomana, quatre cadires velles, un parell de cavallets de pintor i escultor, una taula de pi i una màscara de Beethoven, feta per Joan Serra.

A l'estudi es treballava poc, però es feien moltes tertúlies, s'atansaven poetes, periodistes, comediants, escriptors i artistes de tota mena".[5]

En Viladomat modelava i esculpia obres per preparar-se algun dia una exposició, però com que havia de menjar, beure, fumar,... necessitava diners. Aquests eren guanyats treballant en models de guix per a la indústria del Sr. Albert Lena, amb el qual va continuar col·laborant adhuc durant l'època que es va traslladar la indústria a Cerdanyola.

El fet d'haver col·laborat tants anys amb la firma comercial de reproduccions artístiques del seu sogre li permeté de conèixer bé l'obra dels renaixentistes italians Donatello i Verrocchio, sobretot.

Aquell mateix any (1916) comença la participació en exposicions col·lectives com l'Exposició General d'Art del Cercle Artístic.

4. En les diferents publicacions consultades sobre la vida i obra de Viladomat, hom troba sistemàticament el nom d'Oscar Lena com a propietari del Taller Lena. Aquesta afirmació no és correcta, ja que el seu veritable nom era el d'Albert Lena, que anys després fou el sogre d'en Viladomat, per casar-se aquest amb la senyoreta Emília Lena Lombardi, els altres fills del Sr. Lena eren l'Oscar i l'Albertina. L'any 1916 Oscar Lena tenia 16 anys, per tant no podia estar al front de la indústria. Hom creu que posteriorment Oscar Lena prengué el timó de l'empresa, en establir-se aquesta a Ripollet-Cerdanyola cap a l'any 1920(?)

5. "Tele-Express", 10 maig 1966

El Saló dels Evolucionistes (1917-23)

L'any 1917, per iniciativa de Joan Cortès, Enguiu, Serra, Sisquella i Viladomat, va néixer el Saló dels Evolucionistes. El nom, inspirat en el títol del fullet del pintor uruguaià Joaquim Torres Garcia, publicat en italià sota el títol "Arte-Evoluzione", era una porta oberta als canvis que s'anaren imposant sobre la concepció particular de cadascú. Acudien a l'estudi a passar molt bones estones tota la colla d'artistes que ja hem esmentat per oir el concertista incondicional del piano, Juli Pons, i també varen passar-hi els guitarristes Sainz de Maza, Tàrrega i d'altres.

La vida bohèmia de Viladomat i els seus companys no es limitava només a les tertúlies d'art i música, ja que recorrien la vida nocturna de Barcelona barrejant la diversió amb l'art, quan la ballarina Tórtola Valencia i Raquel Meller actuaven al Saló Imperio, el grup hi assistia per a veure-les.

Viladomat va fer algunes escultures per a Tórtola. Una vegada, aquesta singular artista eixí a escena amb una de les obres que en Viladomat li havia modelat i mitjançant ses danses li rendí culte, com si talment es tractés d'un ídol.

El Grup dels Evolucionistes venia a significar una generació composta dels abans esmentats artistes, als quals s'anaren afegint altres com Joan Rebull, Pere Pruna, Just Cabot, que constituïren tota la informació d'una època, gairebé un estil amb un contingut que, avui és, marcadament històric i, a la vegada, en europeïtzar el grup i el moviment, el veiem vinculat en una reacció a l'impressionisme encara en plena vigència a casa nostra i al modernisme gairebé mort, quasi assassinat, i a un impressionisme més o menys atrevit, i deformat, però amb un contingut de dir tot el que aquests nois portaven al damunt, vinculat, però, com diem, al que ara se n'ha dit "Art Decó".

Sobre el Grup dels Evolucionistes diu el pintor i historiador d'art en Feliu Elias i Bracons, al seu llibre "L'escultura catalana moderna":[6] "El grup artístic que fundaren J. Viladomat i els dos companys pintors, fou un cenacle de ferms teoritzadors. Diu Viladomat que discutien i filosofaven més que no treballaven. (...) Diu que no té altres idees estètiques que les que manifestava Isidre Nonell quan deia: "Jo pinto.. i prou". Dintre dels escultors moderns, prefereix Aristides Maillol.

En l'art de Viladomat s'uneixen la perfecció i la gràcia; tot és elegant, òptim i jove en l'escultura d'aquest tant jove artista. És el més elegant i fi dels nostres escultors. S'acosta més a Donatello, Verrochio, Agostino di Duccio i altres semblants pre-renaixentistes florentins que no pas a Praxíteles. Sap estilitzar ingènuament, sense afectació ni prejudicis, sense imitar modernes estilitzacions, sense exagerar; Viladomat estilitza per a perdurar. Si aquest artista no fos donat de la millor salut moral i física, diríem que la gràcia i distinció de la seva escultura delaten un xic de morbositat o delinqüència; però en realitat, aquella gràcia tant picant és més aviat un dels caires d'aquest esperit que sempre serà esperit de joventut.

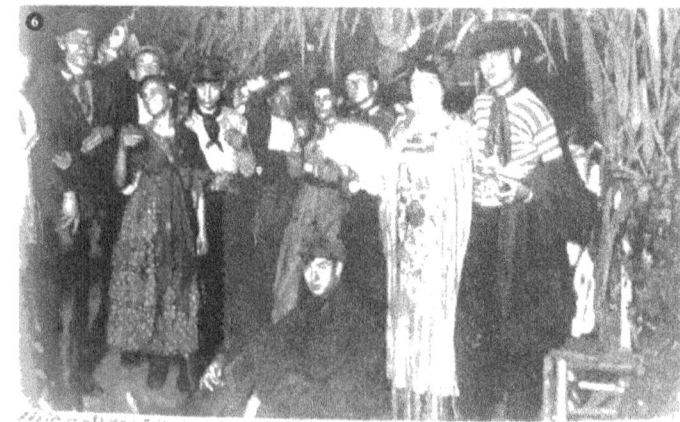

6. Vol. II Els artistes. Barcino. Barcelona, 1928, p. 226-227, i "Tele Express", 10 de març de 1960

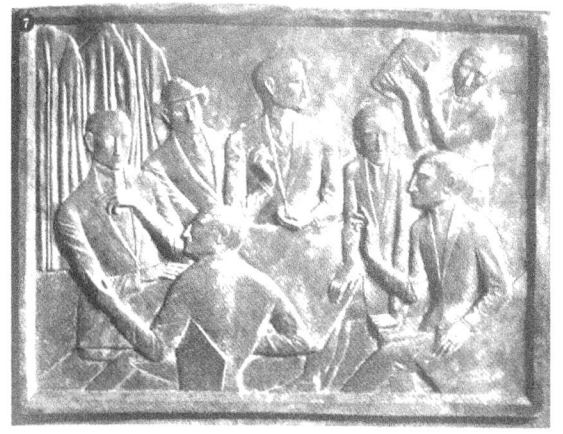

El març de 1918 Els Evolucionistes celebraren la primera exposició a les Galeries Dalmau, del carrer Portaferrissa, que el propietari els hi va deixar. No varen vendre res, però el Saló produí sensació als cercles artístics de Barcelona.

Aquest cercle d'amics treballaven de ferm, però portaven una vida bohèmia, els agradava xerrar molt, riure i divertir-se. Els Evolucionistes tenien unes tertúlies memorables al "Lyon d'Or" a les que hi assistien Joan Cortés, Alfred Sisquella, Josep Granyer, Apel·les Fenosa, Josep Mª Subirachs, Francesc Flor, Francesc Elias, Julián Castedo, Oscar Lena, Emili Lluch, Joan Serra, Josep Viladomat i un altre Serra, al qui li deien "El Serra de l'aigua", perquè va fer la piscina d'un Club. Però el treball seriós, respecte a Josep Viladomat s'inicia quan es casa amb Emília Lena, filla d'Albert Lena, a l'església de Sta. Mònica, l'any 1924. El viatge de noces fou possible gràcies a l'ajut del seu amic Marius Gifreda, que li deixà 100 duros, i amb aquest capital pogueren fer el viatge a París. La parella podia haver-se quedat a la capital de França, però al tornar passaren a residir a Cerdanyola, on el seu sogre Albert Lena, i el fill d'aquest, Oscar Lena, ja hi eren instal·lats des de feia uns anys ("Tele Express", 10 de març de 1966).

De la copiosa obra d'en Viladomat volem ressaltar entre d'altres la que fou la seva revelació pública l'any 1923, 1er. Premi a l'Exposició Municipal de Belles Arts de Barcelona, amb "Maternitat", l'escultura guix presentada al Saló dels Evolucionistes. Adquirida per l'Ajuntament, la còpia definitiva en marbre fou emplaçada l'any 1930 al cap damunt de l'escalinata d'accés.

Amb els diners guanyats per el premi, viatjà altre cop a Itàlia i a París on residí una breu temporada.

Fou col·laborador de la revista "Nou Ambient" que aparegué l'abril de 1924; el sisè i últim número va sortir el desembre del mateix any. Eren els temps de la dictadura de Primo de Rivera, i la censura del moment considerà immorals uns nus que reproduïren obres de R. Soler i de F. Camps-Ribera, i obligà a repetir la tirada de la primera edició, que deixà en blanc el lloc dels dos gravats.

L'any 1927 guanya el concurs convocat pels pares Caputxins per commemorar el 7è centenari de Sant Francesc d'Asís amb una escultura en bronze, que fou col·locada a la muntanya de Montserrat. Aquest any guanya també el concurs convocat per l'Ajuntament de Reus, per

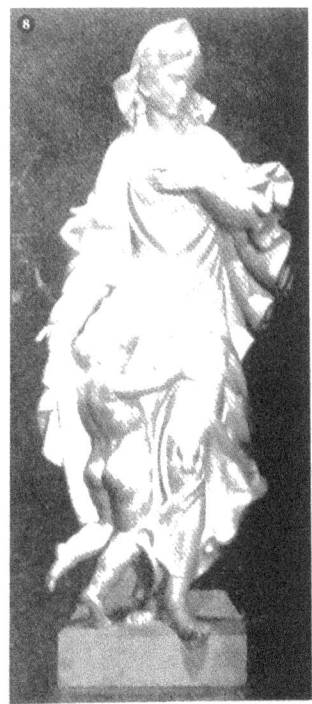

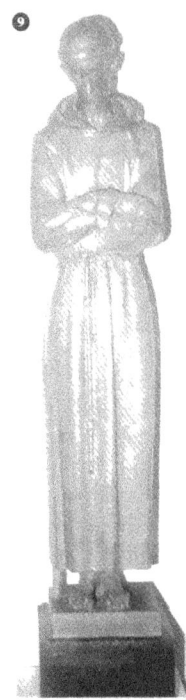

a elegir un monument al gran pintor reusenc, Marià Fortuny i Marsal, amb la interpretació escultòrica de l'aquarel·la "Il Contino" d'aquest cèlebre pintor, seguint el consell de Xavier Nogués.

Amb "Les Arts i els Artistes" participa a la mostra que el grup celebra a les galeries Laietanes aquest any i en convocatòries successives.

1928. Inauguració del Monument a l'enginyer nordamericà Frank S. Pearson, a la plaça de Pedralbes, erigit pel Rotary Club, a un dels promotors de l'electrificació de Catalunya, el qual promogué les creacions de dues grans empreses multinacionals, la Barcelona Traction i "La Canadenca".

L'any 1929 fou un dels anys més fructífers per a l'escultor Viladomat, ja que exposà individualment a la Sala Parés de Barcelona, on hi aportà 12 escultures.

Esculpeix l'al·legoria del Penedès, instal·lada a la Plaça de Catalunya. Exposa als jardins dels pavellons davant l'exposició Internacional de Barcelona, al costat de J. Rebull, Josep Clarà i, Pau Gargallo, entre d'altres.

1930. Esculpeix un Sant Jordi per a la parròquia de Sant Josep de Mataró.

1932. Última exposició del Saló dels Evolucionistes, celebrada a l'Ateneu de Madrid.

1932. Capítol apart per les seves peripècies ens mereix l'escultura titulada "Flama", coneguda popularment per "La República" que, malgrat no sia l'obra més important de l'escultor manlleuenc, si que ha estat amb els seus 4 metres i mig d'altura i 1.500 quilos en bronze, la més gran i que ha fet emprar més quilos de tinta. Hom intentarà contar el més exactament possible tota la seva història i peripècies, des de la seva concepció fins a l'actual ubicació a la plaça Llucmajor de Nou Barris.

Viladomat a Cerdanyola (1923?-1939)

Quan va arribar l'escultor al nostre poble? Malgrat haver remogut cel i terra, no s'ha pogut esbrinar amb exactitud. Hom dedueix que Lena ja havia traslladat el seu taller l'any 1923, ja que per aquelles dates, el que seria el seu sogre, Albert Lena, ja havia traslladat el seu taller i domicili al carrer Sant Sebastià de Ripollet-Cerdanyola.

Lena, evidentment, ho va fer amb la família al complet, és a dir, amb la seva esposa Vicenta Lombardi, i els fills, Oscar, Emília i Alberta. Tal i com ja hem dit, Emília, la filla gran, es casa amb Viladomat l'any 1924, i Alberta es casà amb Ramon Albiñana, l'hereu de Cal Ramonet.

Si insistim en que els passos de Viladomat van lligats amb l'emmotllador Albert Lena, és per la raó dels lligams que hi havia entre ells dos. Ja és sabut que l'escultor Viladomat tenia el seu taller al carrer de la Guàrdia, en un local cedit pel seu sogre i que, a més a més, l'escultor feia models per aquest.

El taller d'Albert Lena i el seu fill, el decorador Oscar, formava part de les manufactures Roviralta (Uralita), i foren llogats al mecenes i gerent d'Uralita S. A., Josep Mª Roviralta.

En aquest taller, l'emmotllador Albert Lena manufacturava tota mena de reproduccions artístiques i làmpades decoratives. Moltes d'aquestes obres eren modelades per Josep Viladomat.

En el taller hi treballaven més de trenta

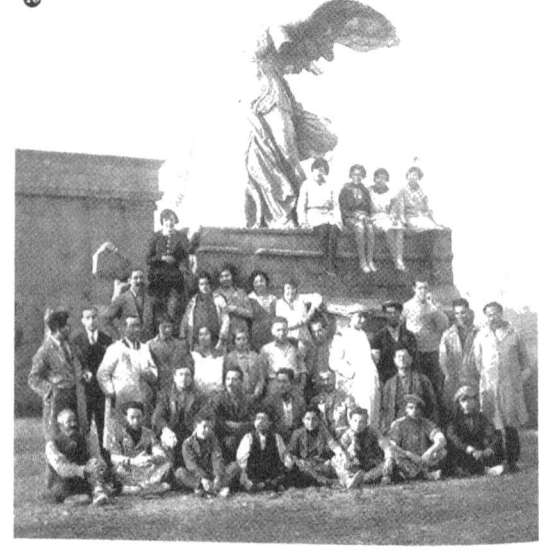

⑩

persones, els materials emprats per la producció de les peces eren de dues qualitats. Per l'interior utilitzaven la "Pasta Lena". Aquesta fórmula m'ha estat donada pel vetera fotograf Octavi Cardona, que treballa uns quants anys en aquell taller, que era un aliatge de cola de conill, sulfat de zenc i guix d'escaiola, reforçat amb arpillera d'espart. Per l'exterior empraven el morter de ciment Portland, i anys després, també utilitzaven el material amb que la fàbrica

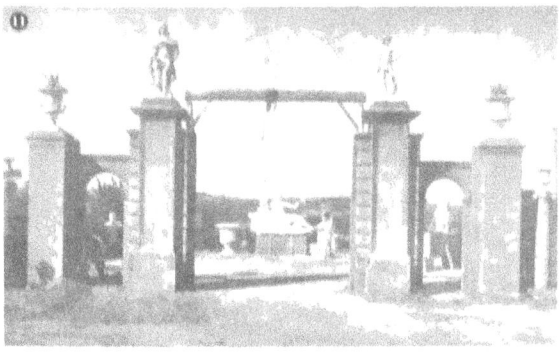

Uralita Lena els tubs i plaques de les cobertes, o sia una barreja de Portland i amiant. De la col·laboració de Lena i Viladomat hi tenim encara mostres com és la fotografia de l'entrada de Manufactures Lena. Al pilar esquerra de l'entrada es pot albirar una reproducció de la "Maternitat".

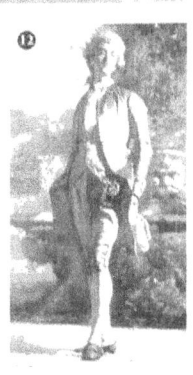

També una reproducció de l'estàtua de l'Antiga Grècia, coneguda com la "Victoria de Samotràcia", trobada a l'illa de Samos l'any 1863, i avui instal·lada al Museu du Louvre.

Un altre testimoni de la col·laboració Viladomat - Lena son les fotos de la "Samaritana", les quatre figures de nens, i la jove sobre una tortuga, en ciment, que rumiaven en un jardí de Cerdanyola.

En aquest taller, Viladomat també va modelar "Sant Francesc d'Asís" (1927) i "Il Contino" (1927), "La Flama", més coneguda com "La República" (1931), "Nu femení ajagut a un coixí", i "Nu amb nen", situat a la plaça de Catalunya.

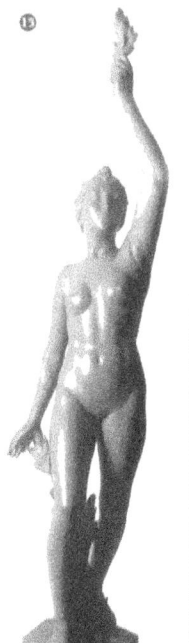

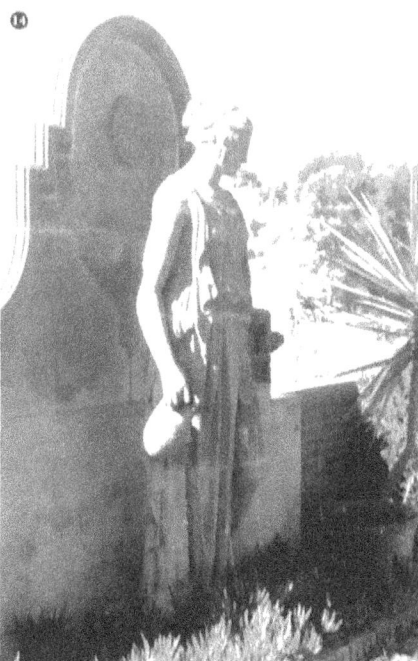

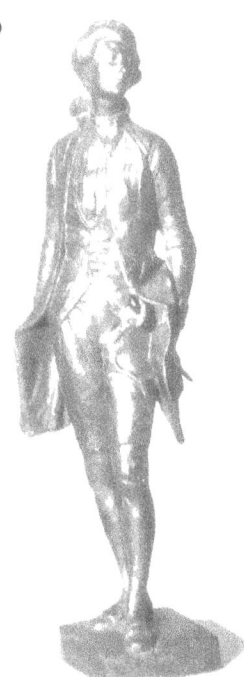

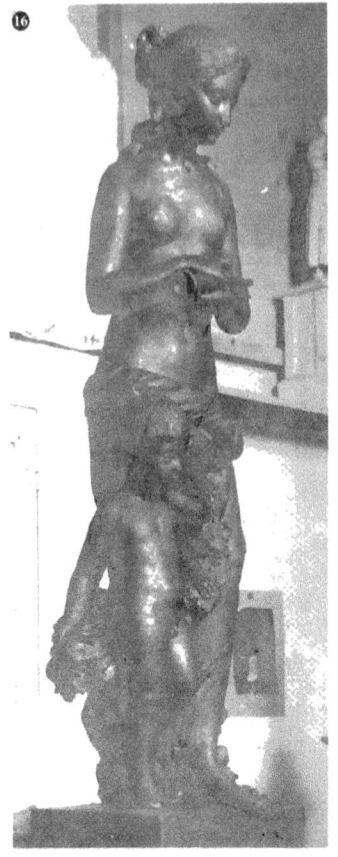

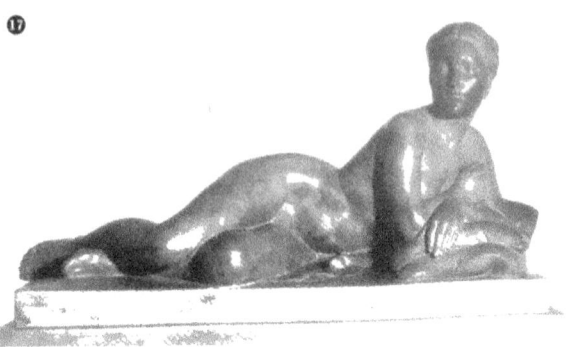

Pels models de "Sant Francesc d'Asís" i "Il Contino" serví de model el veí de Ripollet Octavi Cardona. Aquest veterà fotògraf, viu actualment a Sant Andreu de Palomar.

La model de la "República" i "Nu femení ajagut en un coixí", és una noia de Cerdanyola, sortosament encara entre nosaltres).

Cap a l'any 1925 el matrimoni Viladomat va passar a viure en una caseta i taller, que els hi va construir el seu gran amic Jaume Mimó i Llobet, en un paratge solitari del barri de Ca n'Antolí, des d'on es pot albirar el bucòlic paisatge de la Vall de les Feixes, la Casa de Canaletes, i el Turó de Ca n'Olivé, avui carrer del Mont, núm. 44. Allí naixeren Mª Rosa (1925), Adelaida (1927) i Francesc (1931). Aquest últim, segons Viladomat, era tan fort i valent en néixer "que si no fos que s'estava entortolligant amb el cordó umbilical, hagués sortit a rebre'l".

A més a més, Viladomat comptava a Cerdanyola amb la seva mare i la seva germana Carme, que regentaven en aquells temps un comerç de joguines, roba per vestir i cotilles i altres estris de roba interior de senyora, ja que la professió de la germana de Viladomat era la de "Cotillaire". La botiga era davant de l'església de Sant Martí, i es coneixia amb el nom de "Can noranta cinc".

Però, la qüestió principal és que va viure a Cerdanyola i va romandre entre nosaltres fins l'any 1939 que s'exilià a França amb l'entrada de les tropes franquistes a Barcelona. Quan en Viladomat va tenir cura l'any 1936 de fer l'inventari de les obres d'art de Montserrat, poc temps després va portar-hi tota la família. Durant el període 1936-39, alternava el domicili i taller a Montserrat amb el del carrer del Mont, de Cerdanyola. L'any 1938 va enviar les seves filles, Mª Rosa i Adelaida a un col·legi internat de Banyuls de Vallespir.

Tantost Viladomat afincar-se a Cerdanyola, degut al seu tarannà obert i conversador no tardà en prendre contactes amb un grup de gent que bé podríem qualificar d'artistes i intel·lectuals com eren en Jaume Mimó (mestre i primer alcalde Republicà), Valentí Castanys (dibuixant i escriptor), Josep Mª Roviralta (propietari de Uralita, S. A. i fundador de la revista modernista "Luz" l'any 1897), Just Cabot, "Cabot de les aigues" (periodista i escriptor), dirigí el setmanari "Mirador" i alguns altres... que formaven la tertúlia al Bar Salla, d'en Joan Grau.

Professionalment, el va unir una gran amistat amb l'escultor local Francesc Juventeny i Boix, aleshores un artista novell, encara no consagrat que tenia el seu estudi prop del d'en Viladomat, al carrer de les Vinyes, tocant l'Ateneu. L'escultor Juventeny va esculpir alguns models originals d'en Viladomat.

En Viladomat, a més de tenir una vida abocada a l'art, no va mancar-li el temps per a dedicar-se a totes les activitats culturals i artístiques que es desenvoluparen al poble i que tot seguit en relatarem algunes, malgrat no tenir gaire documentació escrita o oral fins l'any 1931.

Canvis de noms als carrers

El 12 d'abril de 1931 hi va haver les eleccions municipals que a Cerdanyola foren guanyades per les forces d'esquerres, i el 14 fou proclamada la República Espanyola. Aquell mateix dia, els regidors locals, set de E.R.C. i tres de La Lliga, prenien possessió dels seus càrrecs.

El 16 d'Abril va tenir lloc la sessió inaugural del nou Ajuntament, sent elegit alcalde en Jaume Mimó i Llobet, amic íntim de l'escultor Viladomat.

Una de les primeres accions que va dur a terme el Consistori republicà foren els canvis de noms als carrers, per plaques i monuments dedicats als principals símbols del nou règim:[7]

Així, hom pot veure els següents carrers:

Nom Tradicional	Nom Republicà	Data del canvi	Nom actual
Pça. Sant Ramon	Pça. de la República	3 maig 1931	Pça. Sant Ramon
C/ Sant Ignasi	Francesc Layret	31 maig 1931	1939 General Franco/ Av. Catalunya
Pça. Marquesos	Pça. Francesc Macià	25 setembre 1931	1939 Pça. Marqueses/ Pça. Francesc Layret
C/ Sant Martí	Av. Pi Margall	20 octubre 1931	C/ Sant Martí
C/ Planes i Casals	Av. 14 d'abril	20 octubre 1931	C/ Sant Ramon
C/ Sant Ramon	Av. 14 d'abril	20 octubre 1931	C/ Sant Ramon
C/ Sant Josep	C/ Anselm Clavé	25 octubre 1931	Ctra. de Barcelona
C/ Bout	C/ Pintor Togores	24 novembre de 1931	C/ Pintor Togores

Algunes d'aquestes plaques foren esculpides en marbre per Josep Viladomat, però exactament hom no sap quines ho foren i quines no, ja que van ser destruïdes l'any 1939 pel nou Règim. De les que sí hi ha constància que foren esculpides per l'escultor són les dels carrers Francesc Layret, Anselm Clavé i Josep Togores. L'Ajuntament de Cerdanyola que presidia Jaume Mimó -el col·leccionista d'art i home cultivat- va executar aquells dies l'acord de 24 de novembre de 1931 de donar el nom del pintor a un carrer de la vila on havia nascut.

Amb aquest motiu no es va celebrar cap cerimònia oficial: "els paletes van posar la placa -descriu Just Cabot- i el pintor junt amb l'Alcalde, l'escultor Viladomat, el pintor Humbert, el pintor Espinall, Xavier Nogués i uns quants amics més, ho vam celebrar amb un dinar a l'aire lliure, a la font de Can Català. Va ser una jornada inoblidable i divertida".[8]

A la memòria de Fermín Galán i García Hernández

El 3 de maig de 1931, dins dels actes de la Festa Major del Roser, fou descoberta una làpida a la Plaça de la República (abans plaça Sant Ramon) amb els noms gravats dels primers màrtirs republicans Fermín Galán i García Hernández, els quals es mantingueren vigents, fins l'entrada de les tropes franquistes. Van haver parlaments del senyor Aragay, regidor de l'Ajuntament de Barcelona i del batlle, senyor Jaume Mimó, que glossaren les figures dels dos màrtirs i la restauració de la República. Foren molt aplaudits. Digueren que estava en projecte la construcció d'una font en pedra tallada, culminada en una figura al·legòrica a la República, a càrrec de l'escultor Viladomat.

---

7. Miquel Sánchez, *La Cerdanyola Contemporània (1814-1975)*, edició Maig 1983, pàg. 106.

8. Del llibre *Togores l'obra, l'home i l'època*, d'Esteve Fàbregas i Barri. Editorial Aedos, 1970.

A la memòria de Francesc Layret

Per encàrrec de l'Ajuntament, en Josep Viladomat va esculpir una placa en honor de l'advocat defensor dels treballadors Fancesc Layret, assassinat pels pistolers del sindicat únic l'any 1920. Aquesta placa es va col·locar a la cantonada del carrer del mateix nom i l'Hotel-Restaurant Nord (avui edifici Nord). Simbolitzava una lleona ferida de mort per un dard clavat a l'esquena, la qual va importar 300 pessetes.

L'acte d'inauguració tingué lloc el dia 31 de maig de 1931 i hagueren diversos actes públics a Cerdanyola, amb gran assistència del poble cerdanyolenc. El programa fou molt extens: per la tarda, al local de la Cooperativa La Constància, se celebrà un míting en que prengueren part representants de la Unió de Rabassaires, l'alcalde de Sabadell, el Dr. Dencàs, en representació del President de la Generalitat, senyor Macià, Eduard Layret, germà de Francesc Layret i regidors del Consistori, en mig de grans aplaudiments.

Acabat l'acte, s'organitzà una manifestació, que s'adreça a les cases consistorials en el precís moment que arribava en automòbil Àngel Pestaña, en representació de la C.N.T., el qual fou acollit amb aplaudiments.

Un cop a la Casa Consistorial, els senyors abans esmentats sortiren al balcó principal en mig de grans aplaudiments. La banda del Regiment de Caçadors de Barcelona toca la "Santa Espina". Des dels balcons, hi tornaren a haver diferents parlaments ovacionats per la gran munió de públic assistent. Immediatament, arribà el governador civil de Barcelona, senyor Lluís Companys, que fou rebut amb sorollosa ovació i en mig de visques entusiàstics. Es posa al cap de la manifestació, amb Àngel Pestaña, Eduard Layret, Dr. Dencàs, l'escultor Viladomat, Dalmau Costa, J. Mimó, Marcel·lí Vila i altres autoritats. Tots s'adreçaren cap a l'antic carrer de Sant Ignasi de Loyola i, un cop la comitiva arribà al lloc on està col·locada la placa, va fer ús de la paraula, Eduard Layret, que visiblement emocionat, adreça unes paraules de record al seu germà.

Torna a parlar Àngel Pestaña recordant el tarannà lluitador de l'homenatjat i per últim parla en Lluís Companys glossant la figura d'en Layret i recordant la gran amistat que els unia, es va acabar l'acte amb visques al moviment obrer, a Catalunya i a la República.

El monument a la República de la plaça Sant Ramon

El mes de setembre de 1931 fou exposada a l'Ajuntament la maqueta de la font que s'havia d'erigir a la plaça de la República, obra de l'escultor Josep Viladomat. Aquest projecte consistia en una monumental font construïda en pedra i rematada amb una figura al·legòrica de la República, però sia per falta de recursos o pel canvi pocs anys després del Consistori, en que entraren les dretes, i després del seu mandat l'any 1936 l'entrada de la Guerra Civil, aquesta font mai no va arribar a construir-se. Els cinc blocs de pedra varen romandre al terra de la Plaça, sense perdre la seva disposició final, fins que el febrer de l'any 1939, un cop vençuda la República i constituït el primer Ajuntament del franquisme, es va decidir amagar les vergonyes del règim vençut i es van sepultar les pedres en el subsòl de la plaça.

El juliol de 1981 uns veïns que encara recordaven l'emplaçament de les pedres ensorrades van aconseguir d'interessar a l'Ajuntament en aquella qüestió i aquest va posar una excavadora a la seva disposició i les pedres van tornar a la superfície, deixant-se a un costat, en espera de posar-les en un lloc adient a la Plaça, un cop acabades les obres d'urbanització en curs.

Les pedres foren col·locades definitivament damunt d'un parterre de la plaça Sant Ramon, davant del carrer Jaume Mimó i Llobet, l'any 1983.

En el transcurs de la recuperació de les pedres tingué lloc un fet curiós i agradable per qui escriu aquestes pàgines i fou el següent:

Inquiet aquell estiu del 81 per saber exactament com podia ser el monument que havia d'executar

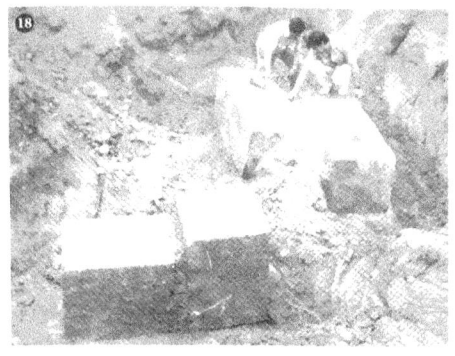

en Josep Viladomat, vaig poder aconseguir, mitjançant la col·laboració de la família Mimó, el núm. de telèfon de l'escultor a Andorra. Jo, que no el coneixia personalment i mai no havia parlat amb ell, el vaig trucar.

Va ser el mateix Viladomat qui va atendre la trucada, jo em vaig donar a conèixer i li vaig preguntar si obrava al seu poder el projecte del monument a la República a la plaça de Cerdanyola, per passar a cercar una fotocòpia a Andorra.

Ell em va etzibar, amb una veu de baix escardalenc, -No me'n recordo de res! però escolteu! què se n'ha fet de la placa de marbre on hi ha una lleona ferida i que és la nineta dels meus ulls? Jo, astorat, li responguè: -Veureu, jo vaig arribar a Cerdanyola l'any 1941, i no me'n recordo d'haver-la vista mai, segurament va ser retirada i potser destruïda pels franquistes. Ell respongué: -I perquè els vau deixar fer-ho? També en va donar records per la vídua Mimó, i que l'excusés de no visitar-la ja que només baixava a Barcelona per veure jugar el Barça i que eren els altres els que portaven l'automòbil.

Adéu i adéu, així és com vaig tenir el plaer de parlar amb aquest gran artista.

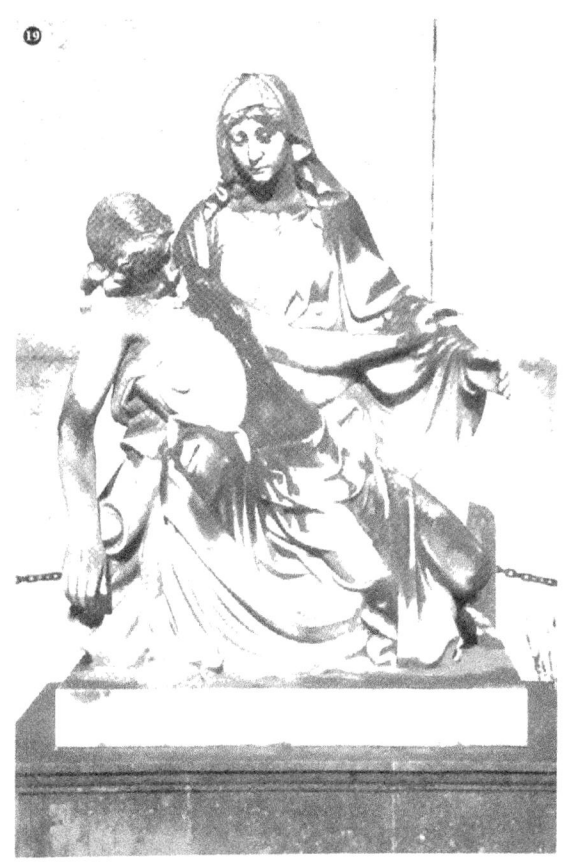

"La Pietat" de Viladomat

Aquesta escultura és la única obra de l'escultor que hom coneix emplaçada a l'aire lliure en el nostre terme municipal. Aquesta important obra fou esculpida durant els primers anys d'estada de l'escultor al nostre poble i fou un encàrrec de la família Altimira. "La Pietat", esculpida en marbre, té certa reminiscència, "guardant les distàncies" amb "la Pietat" de Michelangelo. Situada al panteó de la família Altimira, al Cementiri Municipal, avui encara es pot admirar, malgrat el seu estat de descurança.

L'al·legoria a la República

Aquesta escultura de 4,5 metres d'alçada fou modelada als tallers del carrer Sant Sebastià, propietat del mecenes Josep Mª Roviralta, gerent de la fàbrica Uralita, S. A., locals

cedits anteriorment al Sr. Albert Lena i al seu fill Oscar
Lena, sogre i cunyat, respectivament, de l'escultor
Viladomat. Les Manufactures d'Arts Decoratives Lena.
S. A. deixaren els tallers vacants l'any 1930 per esta-
blir-se a Barcelona, al carrer Girona, núm. 153
Degut a l'alçada de l'obra, va obligar a retirar dues
plaques del sostre (tal com es pot apreciar en la foto-
grafia). Un cop modelada l'escultura es va fer el des-
piece per portar els motlles a una foneria de bronze
on fou fosa i va romandre aturada fins que al novem-
bre de 1934 va ser col·locada al seu lloc de la cruïlla
del passeig de Gràcia - Diagonal.

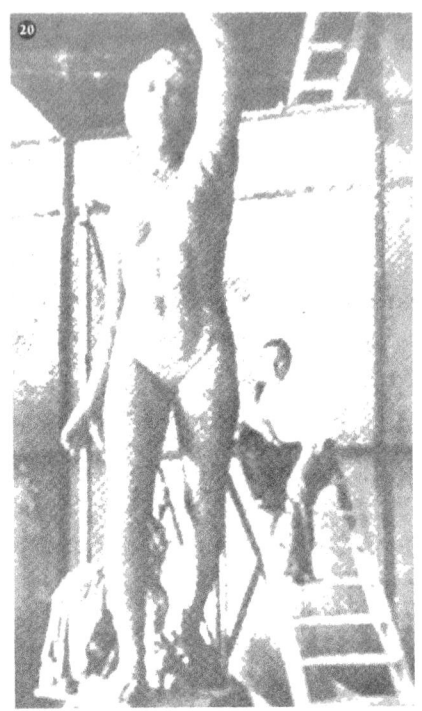

Viladomat i el moviment cultural a Cerdanyola

Amb l'adveniment de la República bufaven aires de
llibertat que esperonaven la sensibilitat dels artistes,
que aquí no es feren de pregar i s'organitzaren multi-
tud d'actes culturals i artístics de tota mena promo-
guts, tant pels que habitualment residien a
Cerdanyola, Viladomat, Mimó, Roviralta o sia els ter-
tulians de Cal Salla, com pels estiuejants que s'hi afe-
gien, Castanys, Just Cabot i d'altres.
Destacarem alguns d'aquells actes en els quals Josep Viladomat hi prengué part o bé fou el princi-
pal promotor.
El 3 de maig de 1931 va sortir al carrer la revista quinzenal "Talaia"[9], de Cerdanyola-Ripollet, al
preu de 0,15 pts., amb seu al Basar de l'Estació, al costat de l'antiga botiga del Maranges, on
Viladomat n'era col·laborador.
En aquell primer número hi fou publicada una entrevista feta a Josep Viladomat que, per la seva
amenitat i la descripció artística, física i del tarannà del nostre personatge, creiem adient reproduir-
la íntegrament i diu així:

ARTISTES A CASA NOSTRA

*Aquest home -encara jove, 32 anys-, petit de cos, d'ademans vius i simpàtics, de veu enrroga-
llada i ulls maliciosament vius, aquest home cara de fura i veu de clàxon, és un dels més popu-
lars a casa nostra. Sovint el veiem passar, conduint un auto estrafolari, sense fanals ni para-
brises, amb el capot volant -és això que dóna a l'auto un estrany aspecte d'ocellot de pas.*

*Amb una d'aquestes fantàstiques aparicions ens sorprengué una tarda, no fa gaires dies, a
la plaça Enric Granados. Entre uns núvols de fum de gasolina, veiérem la mà cordial de
Viladomat que ens saludava. Nosaltres, que feia dies que l'anàvem cercant (en mig del
soroll espaordidor de l'auto, mescla de terratrèmol i d'avalot de petroleria), li vàrem poder
donar a entendre que s'aturés. Al cap d'alguns treballs ho aconseguí uns metres més enllà.
Correm al seu encontre i el trobem rient de les facècies del seu auto.*
– Us voldríem parlar
– I doncs?

---

9. "Talaia", Cerdanyola-Ripollet, núm. 1, 3 de maig de 1931.

- *Voldríem fer-vos una entrevista per a TALAIA.*
- *TALAIA?- inquireix rascant-se el cap.*
- *Sí, home; sí. No n'haveu sentit parlar? Una revista quinzenal que sortirà aviat a Cerdanyola i Ripollet.*
- *Tractant-se d'una cosa com aquesta bé val la pena de que vingueu fins al meu taller on podreu preguntar el que vulgueu.*

Pugem a l'auto, tanquem els ulls i ens tapem les orelles. Al cap d'una estona del sofrir sotracs, d'ésser tan prompte al cel com a la terra, sentim un sotrac més fort, obrim els ulls i ens trobem aturats davant l'estudi de Viladomat. Baixem del cotxe i entrem. Per un ample finestral es veu el paisatge de Canaletes. De sobte li preguntem:

- *Us atrau el paisatge d'ací?*
- *Artísticament, tan sols les noies i els nens d'aquest poble tenen per a mi una atracció igual. En especial els nens, els veig com a escultures de Donatello.*

Veritablement, tota l'escultura de l'última època de Viladomat reflexa aquesta posició. És l'home que no tan sols viu en contacte amb el prosat, sino que hi conviu amb els seus models i llur escultura, malgrat llur aire de museu, té una frescor de cosa viva que la fa obra consistent. La superfície de les seves escultures no sembla de marbre, ans té transparències de pell, per sota de la qual s'endevina córrer la sang que colpeja allí on la pell s'aprima. Viladomat, home de fina sensibilitat, és en aquesta darrera obra seva, un veritable poeta de la nostra terra vallesana.

Anem seguint-lo en tot el que ens va mostrant: "L'atleta jove" que té un regust grec, amb el seu neu-barroc, pel costat, són característics en tota la seva producció.

El nu de la noia que té a l'Exposició de Barcelona, amb tot el seu prestigi decoratiu i rítmic, i, per fi el Sant Francesc, que guanyà el concurs de 1924. Nosaltres creiem que aquesta és fins ara la seva obra cabdal. Davant d'aquesta escultura que ens revela un home de grans condicions per a la imatgeria, li preguntem:

- *No creieu tenir un camí a seguir, en aquesta obra?*
- *Tinc un projecte per una exposició d'art religiós solament.*
- *I res més?*
- *També una altra amb caps d'aquest país -de sobte ens canvien els papers, i llavors és ell qui pregunta:*
- *Sabeu que hi ha un home que avui dia és un dels primers pintors del mon i que és fill de Cerdanyola?*
- *Us referiu a En Togores, sens dubte.*
- *Sí, i crec que devieu donar-lo a conèixer des de les vostres columnes, als seus convilatans*
- *Més encara: pensem retre-li, quan sigui avinent, l'homenatge a que és mereixedor.*

No volem cansar més el nostre amic, de qui ens acomiadem després de fer-nos present la seva adhesió per a la nostra revista.

Telm Fosti

Des de Cerdanyola, sempre Manlleu (1931)

En Viladomat, malgrat viure fora de Manlleu, poble que va deixar a la curta edat de deu anys, mai no deixa de fer alguna que altra visita, com ho demostra la foto d'una visita que va fer acompanyat dels seus amics. L'any 1919 Joan Lena, Juli Pons el pianista. Reproduïm integrament l'escrit publicat a la revista "TALAIA"[10], per considerar-la de cert valor anecdòtic.

---

10. "Talaia", Cerdanyola-Ripollet, 21 juny 1931.

El nostre Director ha anat a Manlleu. Això no té cap importància. Però ja es sabut (i sinó ho era ho serà d'ara endavant) que Manlleu és la terra del nostre amic l'escultor Viladomat, i això, d'importància ja en té un xic més, no sabem si per Manlleu o per l'escultor Viladomat.

En Viladomat va a Manlleu de quan en quan, segurament per recordar-los que és de Manlleu, i perquè Manlleu, quant d'aquí cent anys, en Viladomat sigui mort, es recordi d'aixecar-li un monument i perpetuï el seu nom donant-lo a un carrer.[11]

No cal dir que els amics, i suposem també les amigues que en Viladomat té a Manlleu (uns i altres en nombre infinit) cada vegada que en Viladomat fa una cinematogràfica aparició per aquells indrets, per recordar-los que és de Manlleu i perquè Manlleu es recordi del monument, s'el disputen com si fos una bala d'or. Nosaltres que el coneixem prou bé, podem assegurar que d'or no en té res, però de vidre escardat bastant (No us ofengueu Viladomat!)

El cas és, que un amic d'en Viladomat, que també ho és del nostre Director, va convidar-lo a sopar. Arribada l'hora convinguda, en Viladomat, que havia passat el dia garlant amb els seus amics (i les amigues) i que com tots els grans homes (que en sou de gran Viladomat!) té també grans distraccions, es va recordar de l'hora del sopar, però no es va recordar de qui l'havia convidat. Quin conflicte! Com resoldre'l?

I ja tenim en Viladomat visitant els amics (no era cap amiga, perquè en aquest cas no ho hauria oblidat, que en nombre infinit té a Manlleu. A tots els trobava sopant, tots li deien si en volia, però cap li va dir que l'esperaven! i sinó l'esperaven es que no hi havia convit ni conveni per sopar.

Sabem que va passar dures hores angunioses de visiteig, però arribades les onze de la nit no havent aparegut l'hoste convidador, en Viladomat, s'en va anar a la fonda, explicà el cas, i com tothom havia sopat i els sopars s'havien acabat, van donar-li un plat de seques, un parell d'ous ferrats i com que l'home tenia un xic més de gana, llavors per variar per ell, d'un parell d'ous en van fer-li una truita. Després de la feta per ell, sense ous, era la segona truita del dia. Consti que el cas es verídic i el contem perquè passi a la història!!

Ah! Ens descuidàvem de dir que el protagonista contrincant d'aquest fet, es en Magí Pujol, també de Manlleu.

Antoni M. Badia

Un dels actes de més prestigi que tingueren lloc al poble a les darreries del setembre de 1931, fou sens dubte l'exposició d'obres d'art d'artistes amateurs i consagrats que vivien o estiuejaven a Cerdanyola i, entre ells i un dels principals organitzadors, en Josep Viladomat.

Reproduïm integrament la crònica dels actes publicada a la revista "TALAIA":[12]

CERDANYOLA VISTA PELS ARTISTES (1931)

Heus ací una bella idea de Cordelles Club, que aquest cop amb la cooperació de l'Ajuntament, ens ha presentat una exposició de dibuixos i pintures que ofereixen tal com veuen a Cerdanyola aquest grup selecte d'artistes que s'hi aplega a l'estiu, que coneixen d'ella tots els millors paratges i racons i que saben aprofitar, si cap també alguna nota còmica que els hi suggereix la seva vida.

Tenim de procurar que aquest acte no sia el darrer de la seva natura. El poble de Cerdanyola es té de familiaritzar i educar-se poc a poc, en aquest ambient que hem dirigit pot influenciar poderosament en la seva cultura.

---

11. Al 2000 el nom al carrer ja es donat; el monument Deu dirà.

12. "Talaia", Cerdanyola-Ripollet, 4 octubre 1931.

Per això, tenim que felicitar als organitzadors per l'èxit que ha assolit l'exposició i que s'ha manifestat amb la visita de nombrosos veïns de Cerdanyola, i també de Ripollet, que han contemplat un a un els quadres exposats a la sala d'actes de l'Ajuntament. La nostra felicitació al mateix temps, als pintors i als dibuixants que han traslladat a llurs teles el millor que copsava el seu esperit d'artistes.

Tots els quadres en conjunt se us presenten a la vista agradables, i els llocs que representen us són familiars de seguida pel seu colorit i bona disposició.

En ordre de mèrits, cal apuntar un èxit del pintor i col·leccionista d'obres d'art Marià Antoni Espinal i Armengol, que li cap, al nostre concepte, el millor elogi de l'exposició.

Al senyor Antiga, el millor dels seus olis, pot considerar-se el que representa la Masia de Ca'n Xarau, el del Celler i les gallinetes ha tingut èxit entre les "mamàs".

Les aquarel·les del senyor Balcells, sobresurten més que els seus olis, més encara en notes petites com una que es veu Cordelles al fons, molt bé presentada i solta de factura.

Són dignes d'elogi, al mateix temps, els olis dels senyors Wemberg i Parès, que ens ofereixen bells paisatges.

La senyoreta Carme Alfonso, que constava en el catàleg, no hem tingut la satisfacció de veure la seva obra, el que sentim, ja que coneixem prou bé les seves bones condicions artístiques demostrades altres cops.

L'humorista Castanys ens dóna a conèixer uns quants dibuixos, que demostren palesament la seva gràcia prou coneguda. Sobretot el titulat "Les Baquetes" és d'una realitat esclatant i d'una gran seguretat i encert en el colorit.

El nostre company Ricart Santos, exposa un dibuix que titula "Les Fontetes". D'ell, cal sempre esperar

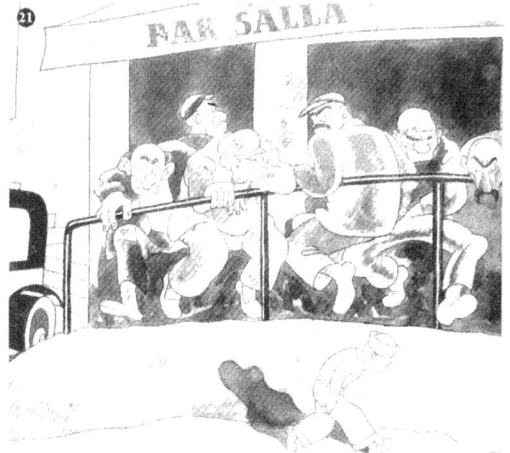

bones coses, per això no ens venia de nou quan vàrem escoltar comentaris elogiosos de la seva obra. Després de l'exposició, aquest hivern darrer a la Sala d'Avinyó, es va afirmant cada dia més com a excel·lent i jove artista.

Encertat també Alfons Arquer, en el seu plat de regust de ceràmica antiga.

Els caps que presenta l'escultor Viladomat, plens d'un gran interès i sensibilitat, són dignes del millor elogi i de figurar en les obres de primera línia de l'exposició. Cal consignar-hi, també del mateix escultor, la maqueta de la font que es té que erigir a la pça. de la República (pça. Sant Ramon).

En el nostre entendre, això sense voler dir que restem valor a la seva obra. Viladomat ens pot oferir encara més perfecció, i creiem que si afina més les condicions seves de bon artista, veurem un altre projecte molt millor que el present.

Com a digne final d'aquesta exposició, hom proposa un concert que el dissabte 26 de setembre a la Sala d'Actes de l'Ajuntament, a càrrec de l'amic i gran pianista i amic d'en Viladomat, Juli Pons. L'escultor Viladomat fou el principal organitzador i ens féu admirar aquest bon pianista que ens oferí la bona música dels principals mestres. Interpreta magníficament "Les llunyanes terres" de Schumman i "La tardor" del mateix autor, i en la "Polonesa" de Chopin, per la seva fogositat, es capta les emocions més sinceres de l'auditori.

Es distingí també en "Arabesc" de Debussy, qual composició de línia melòdica elegantíssima, interpreta meravellosament.

Ara, fins a l'exposició de l'any vinent.

Cine Iris Park

Aquest és el nom que portava anteriorment el que anys després coneixeríem amb el rebatejat nom de Cine Talia Vallesana, situat al cantó dret dels Quatre Cantons, segons es mira en direcció a Ripollet, val a dir que estava situat en territori ripolletenc.

A l'altre costat, o sia, l'esquerre, també mirant a Ripollet, i per tant a territori cerdanyolenc, hi teníem l'hostal de Can Ramonet, ambdós edificis propietat de la família Albiñana, i per aquells anys, regentat per l'hereu Ramon Albiñana, casat amb Alberta Lena, germana d'Emília Lena, muller d'en Josep Viladomat. Per tant, en R. Albiñana i J. Viladomat eren cunyats.

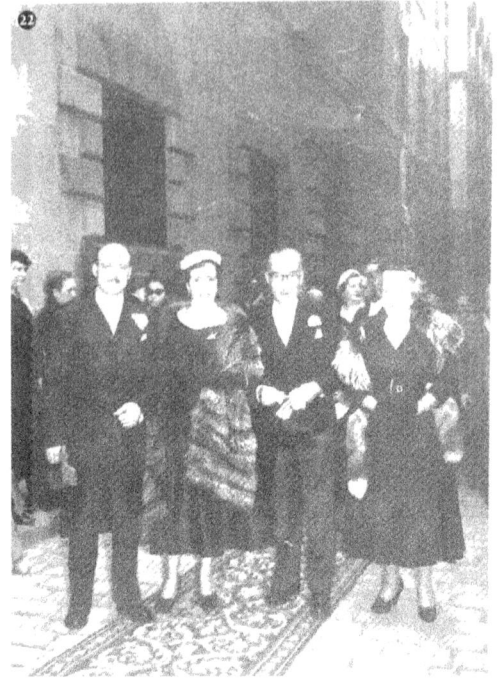

El perquè us ho explica aquests antecedents? Doncs perquè fou en l'hostal on es reuniren l'any 1930 una colla d'amics capitanejats per en Josep Viladomat per organitzar unes sessions de cine, aleshores cine mut, a voltes acompanyat de piano.

Un cop passat l'estiu de 1931 començaren de bell nou les sessions de cine, amb l'anunci que els aparells ja estaven preparats per el cine sonor. Les primeres pel·lícules amb aquesta innovació varen ser la pel·lícula parlada i cantada per Mae Murray titulada "El Pavo Real", i en el mateix programa s'oferia "Un mundo infame".

En sessions posteriors foren projectades "La Marsellesa", "El Rey del Jazz", "Sin novedad en el frente", "La canción de la Estepa", interpretada per Laurence Tibett, un bariton que es feia sentir per la seva veu potent i ben modulada.

Cordelles Club

Aquest lloc, conegut avui com Parc de Cordelles o Parc de la Uralita, formava part de la Urbanització Cordelles. Fundat cap als anys 1927 pels germans Anton i Magí Alfonso Roca, propietaris de Can Cordelles.

La urbanització ocupava els terrenys compresos entre carrer Francolí, Mas Cordelles, carrer Santa Anna i carrer de la Bassa. Als terrenys no trigaren a construir-se xalets i torres de famílies benestants de Barcelona. Un dels primers fou el conegut humorista i dibuixant Valentí Castanys.

Aquests estiuejants, junt amb els del passeig de Cordelles i els d'arreu del poble, es trobaven al Cordelles Club per a practicar golf miniatura, tennis, patinatge, hoquei, natació, etc. i al mateix temps organitzaven balls, festes i espectacles lúdics i artístics. Aquest lloc també el freqüentaven els intel·lectuals V. Castanys, J. Cabot, E. Baguè, J. Viladomat, entre d'altres.

Una de les festes que tingueren més ressò a la comarca fou la que va tenir lloc el 5 de setembre de 1931. Els estiuejants van organitzar uns "Jocs Florals" per la nit d'aquell dia. Eren uns jocs que parodiaven amb la seva gràcia els de Santiago Russinyol. Poesies ungides d'acudits xispejants i bones imatges. Magnífiques indumentàries dels poetes, especialment la cabellera d'en Castany, que actuava de secretari. Foren premiats els poetes estiuejants de Cerdanyola, senyors

Eduard Bague i Pere Gavaldà. Un de les poesies que obtingué més èxit fou d'un poeta desconegut. Es titulava "Aimada" i es referia a la incidència de l'entorn que començava a tenir la fàbrica Uralita.

Hom que ha llegit la poesia, veient una portada d'en Castanys publicada a la "Talaia" del juny de 1931, i sabedor de l'agudesa mental de Valentí Castanys, juraria que és obra del dibuixant.

Xofer a Cordelles!

Valentí Castanys escrivia:[13]

"Com a cosa extraordinària, recordo una representació a l'aire lliure de la revista "Xofer, a Cordelles! (1932). Dic extraordinària perquè en Magí Alfonso es va prendre el capítol de la propaganda tan a la valenta que el que havia d'ésser una vetllada íntima per als estiuejants de la urbanització, es convertí en un esdeveniment regional. Foren tants els fullets de propaganda que repartí, que a l'hora de començar l'espectacle no hi havia lloc per aparcar els cotxes. Vingué gent d'Arenys, de Vilassar, de Santa Perpètua, de Tiana,... S'esgotaren les localitats. Fins i tot, vingué una representació de la intel·lectualitat: en Marius Gifreda, en Josep Maria de Sagarra, en Josep Maria Planes, en Just Cabot, l'escultor Josep Viladomat,...La meva muller estava espantada.
– El teló s'ha esquinçat.
El teló era de paper i l'aire lliure té aquestes bromes. A vegades és massa lliure. Aquella nit feia un ventot que ho feia anar tot de dalt a baix. El teló s'inflava, es gronxava, fuetejava i s'esquinçava. La tramoia, a cada ventada, quedava al descobert, i les corredisses per l'escenari no cessaven.
Per a reforçar l'elenc d'estiuejants vingueren en Grau Sala, en Manuel Amat, en Pere Prat, en Miquel Cardona i una colla d'amics. I la representació es portà a terme. Hi hagué moments en què semblava que naufragaria. Una família d'Arenys va dedicar un acudit a uns boys de bona fe que cantaven uns cuplets del tennis amb música de "València". Un dels boys bandrà amenaçadorament la raqueta.
– Torni-ho a dir!
Els d'Arenys no insistiren.
De l'acabament, no me'n recordo ben bé, però em balla pel cap que "Xofer, a Cordelles" acabà precipitadament.
– Matem-ho –vaig suggerir.
– Matem-ho –convingueren en Manuel Amat i en Magí Alfonso.
No es registraren incidents.
Quant a la tramoia, cal fer resaltar que fou el gremi més sofert de la nit. La meva muller, que aguantava el teló cada vegada que venia una ventada i la Montserrat Alfonso, avui muller d'en Manuel, que tapava els esquinços amb trossos de paper engomats, van perdre uns quants quilos de pes.
Més tard, com que tot s'oblida en aquest món, en Sagarra, en Planes, en Just Cabot, en Josep Viladomat i jo, asseguts en una tauleta de Can Salla, parlàvem de coses tan aviat profundes com gruixudes. Quan clarejava, donàrem un tomb pel poble i, en passar per davant la casa de l'ordinari Garrofé, en Viladomat es va entestar a matar el gos.
– Aquest gos és un ximple!
El gos d'en Garrofé, protegit per la tanca, es posà a bordar feréstegament.
Nosaltres fèiem esforços per apaivagar-lo.

---

13. Valentí Castanys, *La memòria es diverteix*. Edicions Destino. Barcelona, 1964.

– *Covard!* –*cridava en Viladomat, adreçant-se al gos.*
L'avalot era impressionant. Uns quants veins començaren a treure el cap per les finestres
reclamant quietud.
– *Calleu! Volem dormir!*
Sort encara, que el poder persuasiu d'en Cabot era definitiu, i ell aconseguí que en
Viladomat renunciés a matar el gos.
Momentàniament, es restablí una calma aparent que més tard fou trencada pels cants dels
galls que saludaven la naixença del nou dia."

L'humor d'en Josep Viladomat

Hom voldria contar algunes anècdotes d'humor protagonitzades per en J. Viladomat, les quals són
arribades al meu abast mitjançant conversacions orals contades per gent antiga del poble, que el
van conèixer quan aquests eren joves.
A l'època, Can Salla era molt freqüentat de gent qui hi feia tertúlies. Una era "d'esportmans", una
altra de "boxing", també de "billaristes" i com no? hi ha la que en podríem dir de "intel·lectuals".
En aquesta última formaven part en J. Mimó, Castanys, Viladomat, Josep Mª Roviralta, Just Cabot
i d'altres, que parlaven del diví i del humà i de tot una mica.
En el transcurs d'aquestes tertúlies en Josep Vialdomat, tot de cop, s'aixecava de la cadira i deia:
– Nois, sabeu que us dic, que aquí no es guanya res. Com que se m'han acabat els quartos m'en vaig
a fer ninots.
O bé una altra anècdota, tal com ja s'ha dit amb anterioritat, que l'escultor Francesc Juventeny, amic
i col·laborador d'en Viladomat, esculpia també obres d'aquest, i de vegades el visitava al taller del
carrer del Mont on vivia i treballava Viladomat, el taller era ple de cortinatges per preservar les obres
de la pols i els encantells que provocava esculpir l'obra.
Al no veure'l, en Juventeny, cridava –Josep, on ets? De retruc, sentia una veu enrogallada que li responia.
– Sóc aquí! picant com un pigot!
En Lluís Almirall escrivia el desembre de l'any 1970 a la *Revista de Sardanyola*:
> L'ESCULTOR VILADOMAT
> *No, encara no té un carrer a LES FONTETES però a LES FONTETES són grans i encara*
> *i fan cases. De moment us escudellaré dues anècdotes "made" in VILADOMAT.*
> *Per si no ho sabeu, havia sigut conseller del nostre Ajuntament, es diu que a poques coses*
> *d'ordre polític posava el nas però un dia, davant l'astorament de l'alcalde (sembla que era*
> *el Jaumet de Cordelles) va demanar la paraula. Davant l'insòlit del cas es produí un silen-*
> *ci expectant. Ell, amb aquella veu de baix dels Pastorets digué:*
> – *Avui que hi ha el "pleno", a veure qui es va endur la meva bufanda l'anterior sessió!*
> *L'altra anècdota:*
> *Recordeu aquell cartell de la guerra que allargant l'índex deia: QUÈ HAS FET TU PER LA*
> *VICTÒRIA? Bé, doncs en Viladomat el tenia a l'estudi i es diu que de la seva collita hi*
> *afegí: "NO FER NOSA"...*

El monument a la primera República (1907-1990)

L'any 1907 l'Ajuntament de Barcelona va decidir instaurar un monument al que fou president de la
I República (1873-74) i dirigent federalista, Francesc Pi i Margall. Com a lloc adient, fou escollida
la cruïlla de Diagonal-Passeig de Gràcia, aquest projecte fou rebutjat per l'oposició de l'aristocràcia
barcelonina al·legant-lo antiestètic i contrari a la fluïdesa circulatòria.

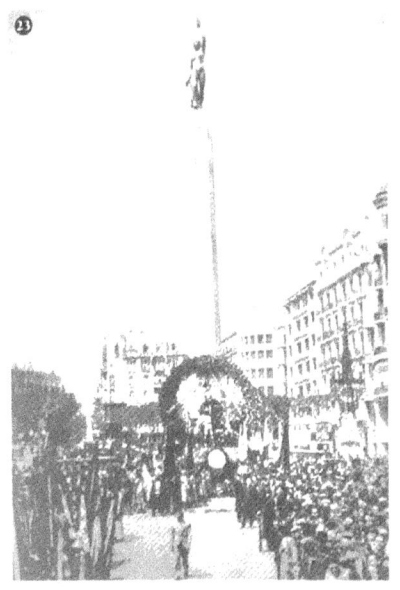

L'any 1915 en el transcurs de la col·locació de la primera pedra d'aquest monument, que fou encarregat a l'escultor modernista Miquel Blay, van tenir lloc forts aldarulls entre radicals republicans i catalanistes. Les disputes romangueren paralitzades pel cop d'estat del General Primo de Rivera (1923-30).

L'any 1930, aquest monument fou considerat, segons versió oficial, de proporcions exagerades en relació amb l'emplaçament. Temps després es va decidir que les escultures de Miquel Blay se situarien a Pedralbes, tot i que mai foren col·locades.

L'any 1932, l'Ajuntament de Barcelona convoca un concurs públic per homenatjar la figura de Pi i Margall, el qual fou guanyat per Josep Viladomat. L'escultura consistia en un nu que encarnava el personatge femení de la República, tocat amb un casquet frigi i que aixecava poderosament la mà esquerra per exhibir una petita branca de pom de llorer que portava a la dreta.

Al mateix temps fou seleccionat en aquest concurs, el projecte presentat per l'escultor Joan Pié que consistia en un relleu de Pi i Margall. Al certamen es van presentar 90 concursants i el premi guanyat per J. Viladomat fou de 23.000 ptes.

L'escultura presentada al certamen per l'escultor Frederic Marès, també un nu que representava la República, va quedar en segon lloc.

El projecte que s'havia de situar a la Diagonal era un treball dels arquitectes municipals A. Florensa i Vilaseca, consistia en un obelisc on a la part baixa hi havia el medalló de bronze amb l'esfinx de Pi i Margall, i rematat al cim amb l'escultura de Viladomat "La Flama".

Aquest monument s'havia d'inaugurar el 29 de novembre de 1934, però la frustrada proclamació de la República Catalana, realitzada el 6 d'octubre pel President de la Generalitat Lluís Companys, i la conseguent repressió, feren que la inauguració s'ajornés.

En Viladomat, que era republicà i que no estava d'acord en que es fes tot allò i menys que es carreguessin els neulers al President Azaña, emprenyat es va enfilar a dalt de la bastida que encara cobria el conjunt monumental i va gravar, al peu de la "República", el nom de l'excap de govern espanyol, Azaña. Al gener de 1935 es va retirar les tanques i la bastida, i es va donar per feta la inauguració, per ordre de l'alcalde Pich i Pon.

Per fi el monument a Pi i Margall i a la República fou inaugurat oficialment el 12 d'abril de 1936, després de la victòria electoral del Front Popular. L'acte amb l'assistència d'una munió de gent fou presidit pel President Lluís Companys.

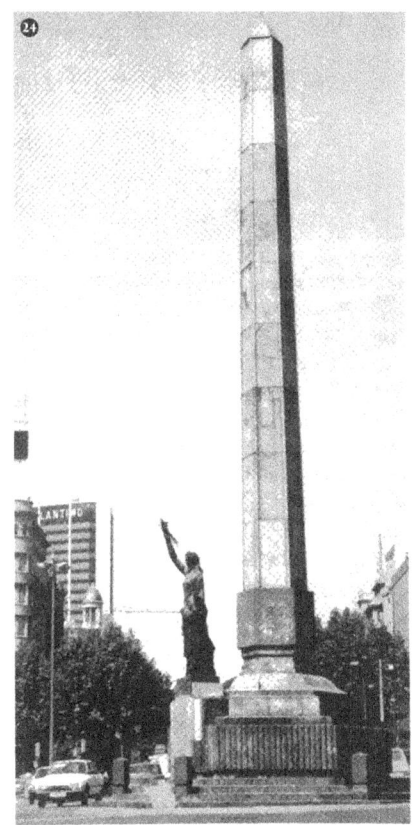

Tres anys després de la seva inauguració oficial i amb l'entrada de les tropes franquistes a Barcelona, el primer Ajuntament instaurat pel règim, va decidir de retirar del carrer un seguit d'escultures, com el Monument al Dr. Robert, Layret, Cànoves... i d'altres, i com no, la més carismàtica de l'època republicana, "La Flama".

L'obra fou proscrita, però no es retirà de seguida, fins i tot s'oficià una missa de campanya, això sí tapant l'estàtua amb la bandera espanyola, però era un dia de vent i la missa s'acabà amb bandera enrotllada a la mà esquerra de l'escultura, per tant nostra heroïna queda nua i exposada a les inclemències del cru hivern.

Poc temps després la retiraren de damunt de l'obelisc i en el seu lloc hi col·locaren una àliga, que albirant-la de lluny semblava tanmateix un lloro, que poc després fou retirat.

A peu de monument calia posar-hi una escultura; així que es recorre a instal·lar l'obra de Frederic

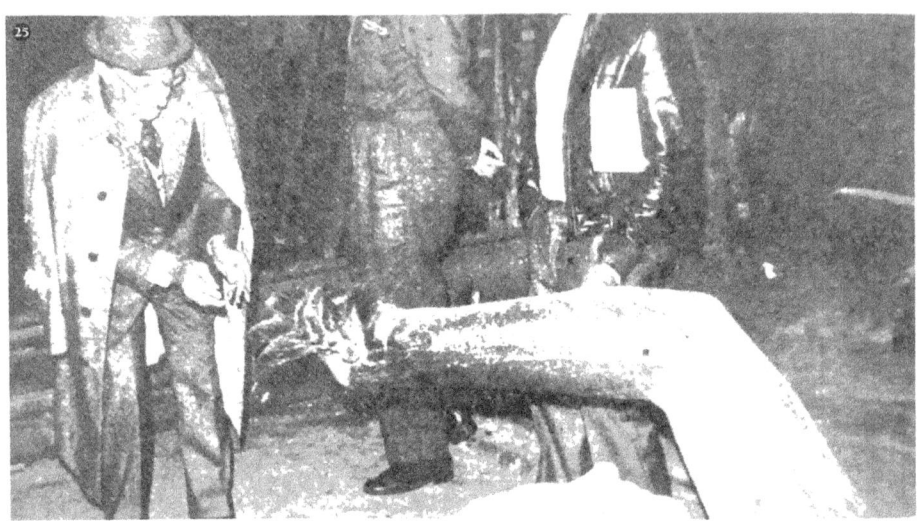

Marés que quedà segona al concurs de l'any 1932, com a substitució de l'obra d'en Viladomat, però amb unes petites modificacions. Marés va refer l'obra vestint-la amb una túnica, ja que l'original era un nu de dona, i una de les mans fou rectificada per adaptar-se'n al saludo falangista, com era reglamentari. Fou col·locada el 26 de gener de 1940.

Entre els anys 1939-77 l'estàtua va romandre jaient a terra en un vetust porxo tapiat del carrer Wel·lington. Pitjor podia haver estat, deia un funcionari, si els arquitectes Florensa i Vilaseca no haguessin contravingut les ordres vingudes de dalt, on se'ls manava de destruir les escultures que es retiraven del carrers.

A la primavera de 1977 la "Flama" fou traslladada a un magatzem del carrer del "Ciervo", en el ruïnós barri d'Icària.

El 15 de novembre del mateix any l'escultor Viladomat va tornar a veure la seva "República", per primera vegada des de l'any 1939. Tantost veure la seva obra, exclamà: -"aquí li manca el llorer", en referència a la mà esquerra. Tot voltant i remirant per el vetust magatzem s'aturà sorprès davant altra estàtua, i espetà un expressiu: -"Collons!, aquesta obra de guix és un original meu, ja la reclamaré!" L'obra en qüestió no era altra que la "Maternitat", obra amb la que guanyà l'any 1923 el Primer premi, i la rèplica en marbre és situada a l'escalinata de l'Ajuntament de Barcelona.

El juny de 1983 la Generalitat va reclamar l'escultura a l'Ajuntament, per que formés part de la celebració a Madrid de l'Exposició "Catalunya en la España Moderna" i un cop netejada la nostra heroïna viatjà a la capital del "Reino".

Un cop acabada l'Exposició, tornà a jeure al magatzem del carrer del "Ciervo". Tres anys després, el 18 de maig de 1986, va ser emplaçada provisionalment a la Plaça Soller, davant de la Casa de la Vila del Districte de Nou Barris, a l'antic Institut Mental de la Santa Creu, esperant la remodelació de la Plaça Llucmajor en el mateix barri.

Cal recordar que, amb l'arribada dels Ajuntaments democràtics, es va incentivar la seva reposició, però no fou possible en el seu lloc original, des del moment que l'exalcalde Serra va convertir el "Cinc d'Oros" en la Plaça de Juan Carlos I. Per tant es decidí, sense que el seu creador hi estigués gairé d'acord, que l'antic monument a Pi i Margall s'emplacés a la plaça Llucmajor. Els arquitectes Helio Piñon i Albert Viaplana foren els encarregats de remodelar el monument i de crear un basament per tal que s'hi poguessin instal·lar les dues peces republicanes recuperades, el medalló i la figura de Viladomat. Per fi i esperant que aquest sia l'emplaçament definitiu, el dia 14 de juliol de 1990, fou inaugurat el monument a la República al seu lloc actual, per l'alcalde Pasqual Maragall. Cal ressaltar la coincidència que, escollida o no, la data del 14 de juliol és la festa Nacional de la República Francesa, i el 14 a seques és el dia que correspon a la data de la proclamació de la República Espanyola.

Retornant un xic en darrera, continuem relatant la seva obra escultòrica. L'any 1934 participà a l'Exposició de Primavera, Saló de Montjuïc, on és vocal de la Junta Directiva. D'entre les escultures d'aquell any destaca el "Nu de Dona", en bronze, ara al Museu d'Art Modern de Barcelona.

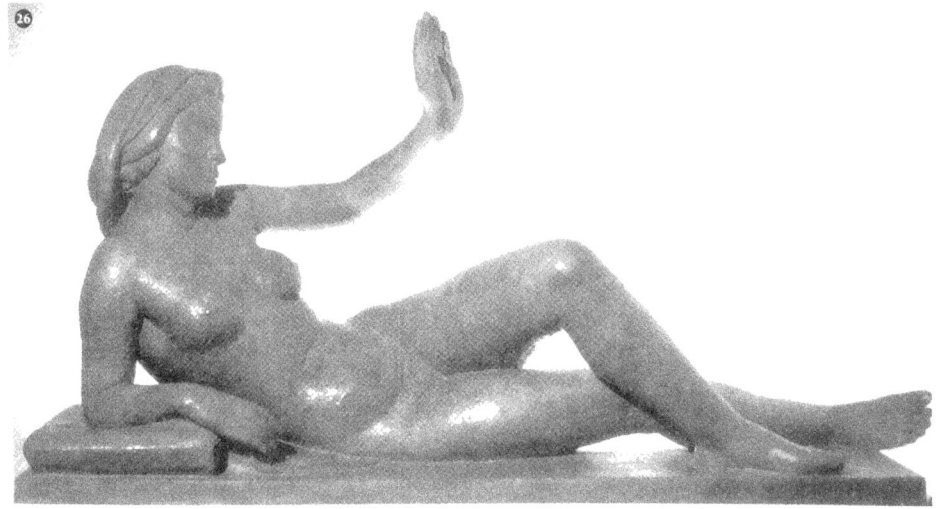

1935-36 Participa en les col·lectives, final de temporada 34-35 i 35-36, de la Sala Parés de Barcelona i a les convocatòries del Saló de Montjuïc.
1936-37 Pren part en l'habilitació del Palau Robert com a seu dels Serveis de Cultura i Finances de la Generalitat, sota la direcció de Josep Mainar i l'assistència de l'arquitecte Sebastià Bonet, col·laboren en l'acondicionament, moblatge i decoració -a part de Josep Viladomat- Antoni Badrines, Tomàs Aymat, J. Campamà i Xavier Corberó. Guanya el premi Campeny d'escultura amb "Nu femení".

El salvament i la protecció del patrimoni artístic (1936-1937)

L'esclat del 19 de juliol de 1936, va provocar que grups d'incontrolats assaltessin esglésies i monestirs. La Generalitat va esforçar-se per intervenir en aquesta situació, des del primer moment. El dia 21 de juliol incauta el Monestir de Montserrat, arribant el Sr. Solé i Pla -emissari del Conseller de Cultura,

Ventura i Gassol- just en el moment que un escamot
anava a cremar el santuari. Va poder salvar-se tot, es va
procedir a fer un inventari dels objectes i dels fons de la
biblioteca i, durant la guerra, va permetre's que s'hi allot-
gessin alguns personatges i artistes, com H. Anglada-
Camarasa, Joan Busquets, Carles Gerhard, Joan
Mirambell i Josep Viladomat, entre d'altres.

En Viladomat va romandre al monestir tenint cura, con-
servant i modelant obres d'art durant un any aproximada-
ment, poc després va haver de deixar-ho per incorporar-se
al front de guerra de Madrid 1937-38. Segons la seva filla
Adelaida, el seu pare va anar a Madrid per afers de treball,
i no al front de guerra (d'una entrevista que tingué amb
Adelaida Viladomat, a Escaldes-Engordany, el 22 de febrer
de 2000). Durant la guerra, les cel·les del monestir foren
emprades per hospital de guerra, fou ací on Viladomat
modelà "Rojillo", un vailet ferit al front, entre d'altres.

1938. Obté el 1er Premi d'escultura atorgat pel Ministeri
d'Instrucció Pública del Govern de la República dins
l'Exposició Trimestral d'Arts Plàstiques a l'escultura "El
Madriles". Fa la medalla al valor de la República per a
Joan Negrín i la hi lliura a París vers 1939.

L'any 1939, com tants i tants ciutadans republicans, s'e-
xilià a França, prenent la ruta del pas fronterer del Coll
d'Ares, on hom suposa que prengué els apunts que li

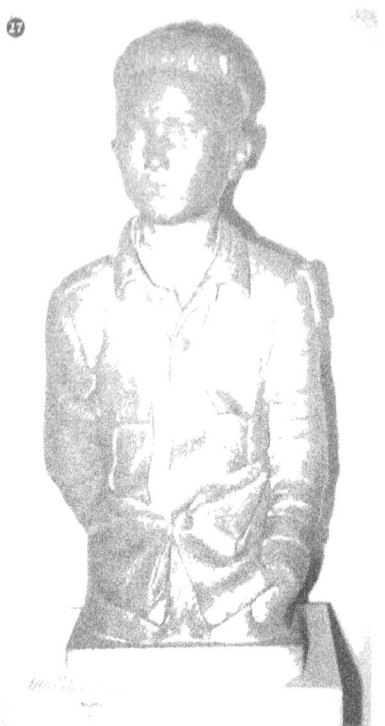

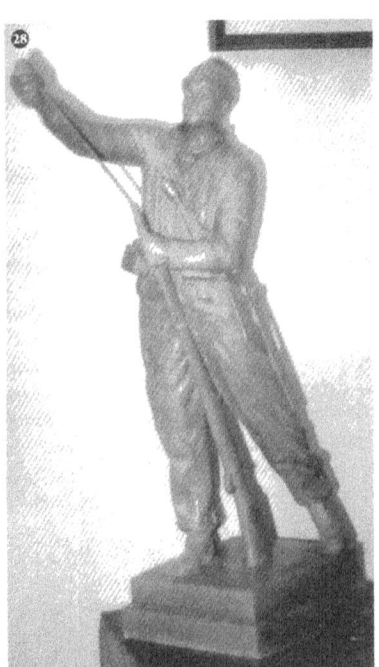

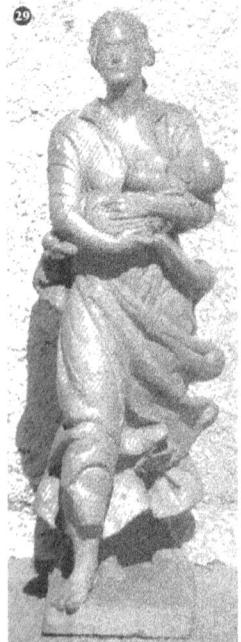

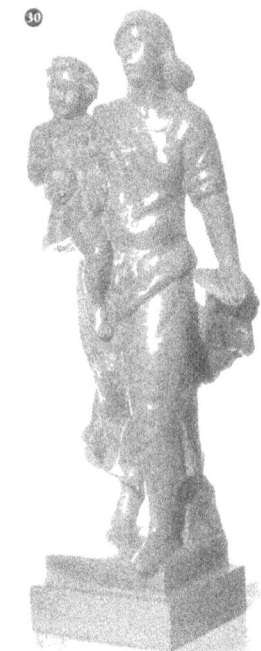

servirien per executar diverses obres conegudes com "Exode". En aquestes expressives escultures reflecteix amb tota la seva crueltat el sofriment que patien aquelles malaurades criatures a l'exili. Els anys 1942-43, ja establert Viladomat a Andorra, executa les obres de l'"Exode"; hom en coneix cinc de diferents, tres maternitats, un grup escultòric i la de una dona sola, pot ésser que n'hagi d'altres.

Un cop en territori de la Catalunya Nord, fou internat en un dels camps de concentració, situats a les platges del Vallespir i del Rosselló. Al poc temps, tant ell com altres artistes i intel·lectuals, foren alliberats per l'aval del pintor Pablo Ruiz Picasso. A éste -"referint-se a Picasso"- debo de agradecerle los cien francos que, cuando el exilio, envió para que me desenjaularan del campo de concentración y pudiera, como una flecha, dirigirme a Paris...[14]

L'estada a Paris fou de relativa durada, ja que va haver de marxar, a causa de la invasió de França per les tropes germàniques el 10 de maig de 1940. Seguidament i fugint dels nazis, s'aturà uns dies a Prada de Conflent, on poc després demana acollida al Principat d'Andorra.

Viladomat i Andorra (1940-1989)

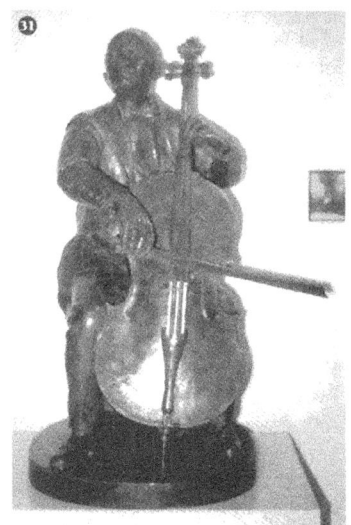

Tal i com hem dit anteriorment, Josep Viladomat i Massanas s'establí al Principat l'any 1940, per més senyals, a la Parròquia d'Escaldes-Engordany, el seu primer taller a les afores del poble, en una borda coneguda com la Borda d'en Montanyac. Mentre es trobava a Prada de Conflent l'any 1940 fa l'escultura de Pau Casals tocant el violoncel, mentre assajava els concerts que interpretaria en profit dels soldats rossellonesos mobilitzats per fer front a la invasió de les tropes nazis de Hitler.

Tantost en Viladomat, "Pepitu" pels amics, arriba al País Pirinenc, prengué contacte amb la gent del poble, degut al seu caràcter cordial i comunicatiu, no tardà a envoltar-se'n d'amics, de bons amics.

L'any 1941, ja aposentat, va reclamar el petit Francesc que uns amics de Manlleu no tardaren en atansar-lo.

El 1942, la seva muller Emília Lena i Lombardi que vivia a Manlleu i les filles Mª Rosa i Adelaida, que residien a Barcelona, marxaren totes tres cap al Principat per reunir-se amb els seus familiars i per fi pogueren estar tots plegats, després de quatre anys de separació.

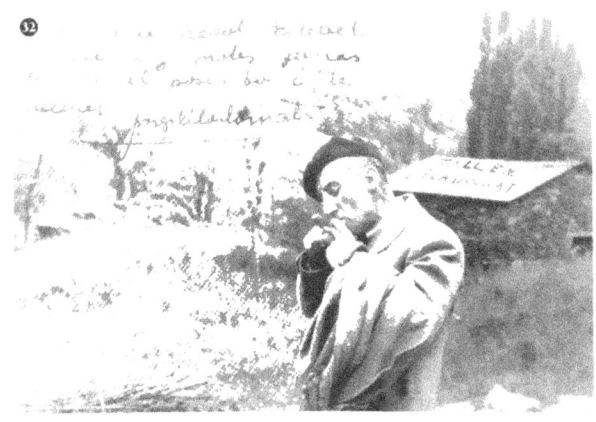

Ja de bell nou, reunit en Viladomat amb els seus, emprèn una nova embranzida o empenta en aquell muntanyenc taller del bell país de les Valls. Modestament, assajarà de recopilar, la seva vida i obra andorrana, en la seguretat de que només arribarà a esbrinar una petita part d'aquesta.

14. Sempronio, "La Vanguardia", 29 de setembre de 1985.

Durant la visita que fa a Andorra, el coprincep François Mitterrand, president de la República Francesa, el 26 de setembre de 1986, el Consell de la Vall amb una escultura en bronze de la "Noia Asseguda" de Josep Viladomat.

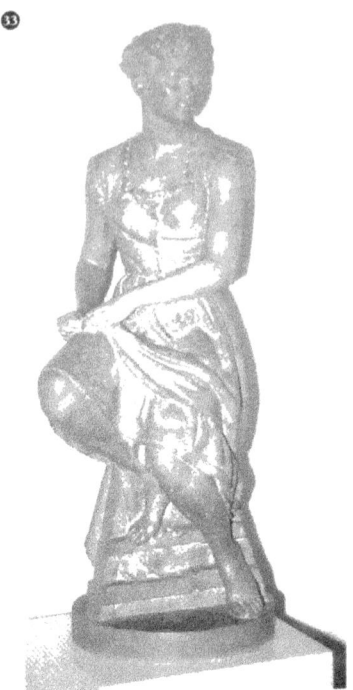

El 23 de desembre de 1986, organitzat pel comú d'Escaldes-Engordany, el propi J. Viladomat, amb la valuosa empremta del seu fill, Francesc Viladomat i Lena, es va inaugurar en aquesta localitat l'exposició que reuneix una bona part dels treballs originaris d'en Josep Viladomat, els quals van servir de base per esculpir el noble marbre o per fondre l'impressionant bronze. L'escultor i la família deixaren al Poble Andorrà en dipòsit, el seu més valuós legat, en agraïment vers al noble País Pirinenc que acollí l'escultor i família en els difícils temps de la postguerra Civil d'Espanya.

Amb motiu de la inauguració de l'Exposició Permanent fou editat un important catàleg, amb articles al·lusius a la vida i obra del gran escultor català i andorrà adoptiu.

Aquests valuosos articles, escrits pel conegut historiador d'art Joan Ainaud i Lasarte i el seu fill, l'historiador i escriptor Joan Joan Francesc Ainaud i Escudero, han servit a aquest cronista com a documentació bàsica per poder crear aquest modest llibret.

1986-89. Durant els darrers anys, Josep Viladomat va realitzar algunes petites obres en fang, com una parella de bous.

El dia 2 de juny de 1989, mor als 90 anys al seu domicili d'Escaldes-Engordany l'escultor Josep Viladomat i Massanas.

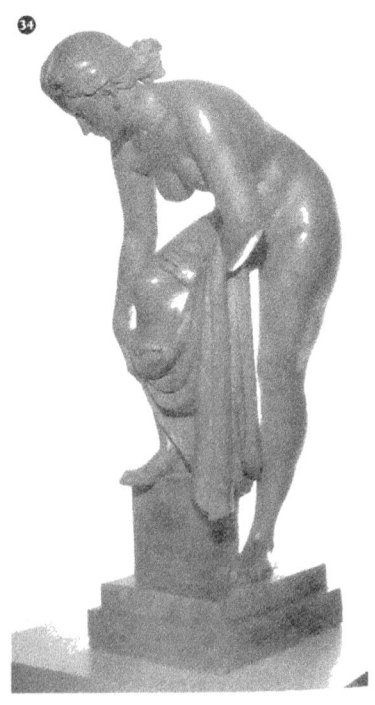

Posteriorment, el comú d'Escaldes-Engordany va donar el nom de Josep Viladomat a un carrer de la població.

L'any 1998, el museu Viladomat editá un nou catàleg, que inclou també un interessant escrit de l'historiador d'art Joan Ainaud de Lasarte.

Ja l'any 1992, el Museu Viladomat edita un altre catàleg, aquest molt bé il·lustrat, que inclou sengles articles de Francesc Viladomat, Joan Ainaud i de Lasarte i de Joan-Francesc Ainaud i Escudero, que al mateix temps és el coordinador general del catàleg.

El març de 1999, el Comú d'Escaldes-Engordany va organitzar un acte d'homenatge per a commemorar el centenari del naixement de l'escultor Viladomat. A aquest acte assistiren els familiars més propers a l'artista, encapçalats pels fills de l'homenatjat, Mª Rosa, Adelaida i Francesc, tots ells residents a Escaldes-Engordany, acompanyats per personalitats del món cultural d'Andorra i Catalunya.

A l'acte prengueren la paraula diverses personalitats i s'anuncià la pròxima publicació d'una biografia crítica de Viladomat. És un estudi iniciat per l'historiador Joan Ainaud de Lasarte, i que l'han acabat el seu fill Joan Francesc Ainaud i Escudero i Glòria Pujol, directora del Museu Viladomat.

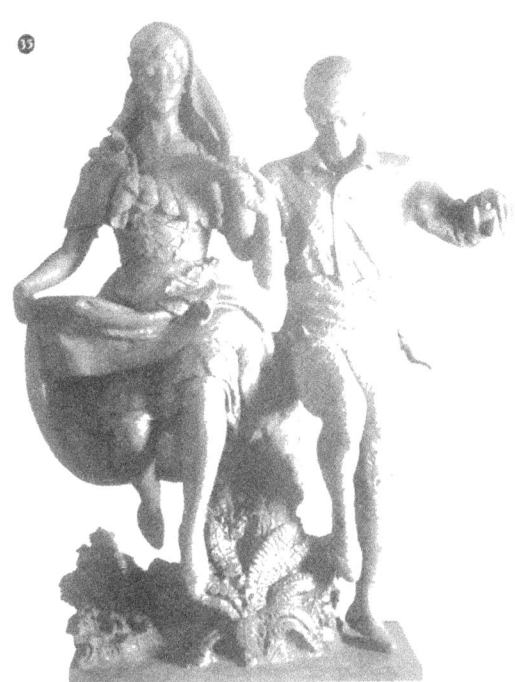

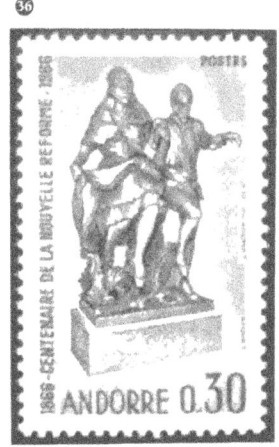

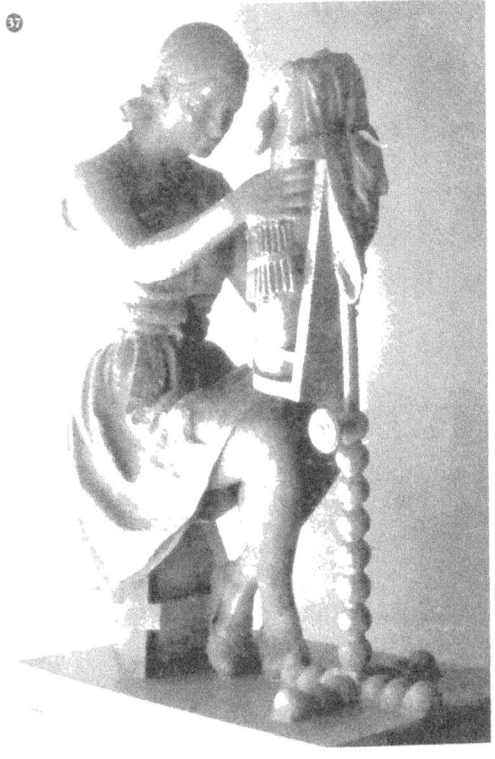

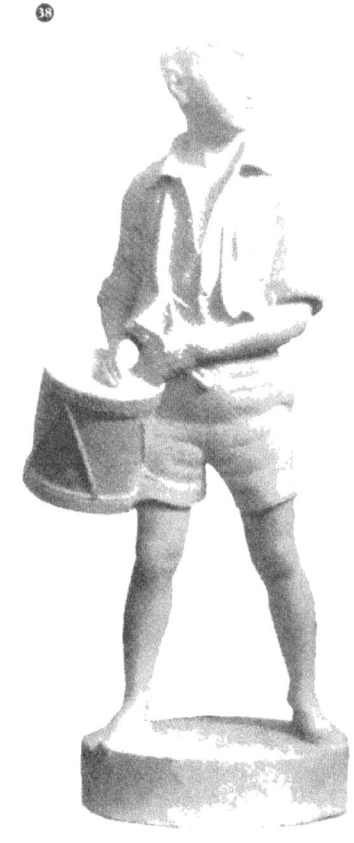

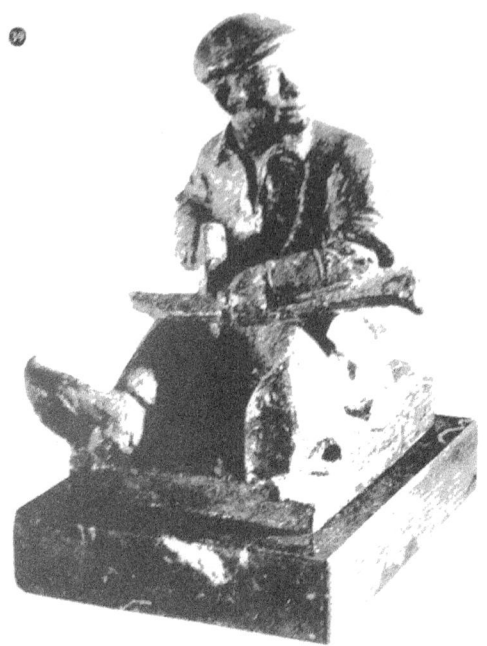

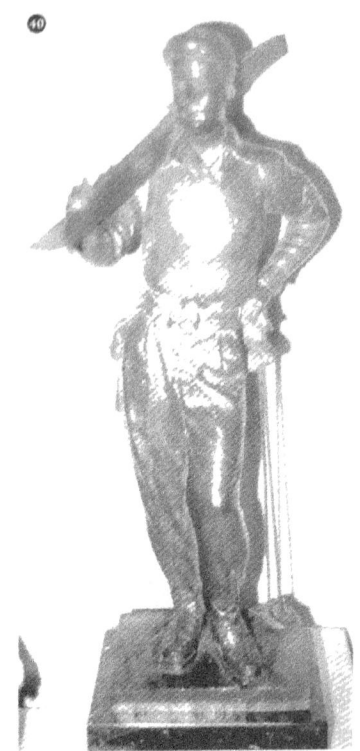

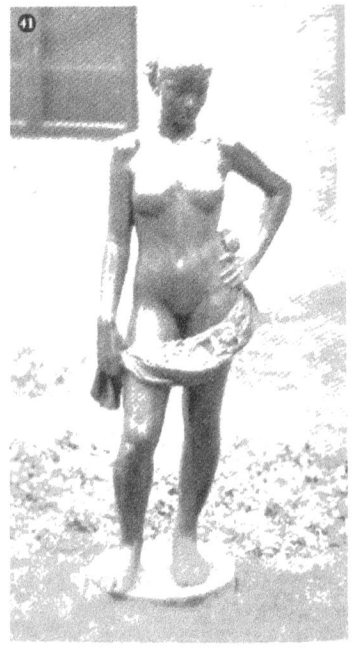

També estava previst que el Museu i el Comú organitzessin, a més a més, tallers educatius per a les escoles andorranes, campanyes de divulgació i un itinerari Viladomat, una ruta turístico-cultural, que seguirà totes les escultures que l'artista deixa pels diferents indrets del país andorrà, per acabar el recorregut en el museu, que en Josep Viladomat i el seu fill varen crear l'any 1986. La col·lecció que consta de prop de 300 peces, moltes d'elles són el model original en guix, i és un dels museus monogràfics dedicats a un escultor, que es pot veure arreu del món.

Passejant pels carrers d'Andorra la Vella, es poden contemplar diferents obres de l'escultor Viladomat, com el monument erigit al bisbe Benlloch, davant l'església parroquial d'Andorra la Vella. Enfront de la façana posterior de la casa de la Vall, es pot admirar el grup escultòric, commemoratiu del centenari de la nova reforma administrativa del Principat (1866-1996). Aquest grup, de gran qualitat escultòrica, és compost d'una parella de dansaires ballant el típic "Contrapàs", ball tradicional del país de la Vall de Valira.

Amb aquest motiu, l'administració francesa del P.T.T. (Correus) va fer una emissió de segells en que es pot observar el cognom de l'escultor Viladomat, i un xic a sota, el cognom del també gran artista i gravador francès, Bequet.

A Escaldes-Engordany es poden observar "La Puntaire", obra en bronze situada prop de l'església de Sant Pere Màrtir, a l'avinguda Carlemany, i també a prop del que fou el domicili de Viladomat.

"Joventut", també en bronze, es pot contemplar al parterre del Casal Cultural del Comú, i d'ací al Museu, un pas.

Són infinitat les obres que va crear l'escultor entre els anys 1940 i 1989, al seu estudi d'Andorra; hom ha escollit les més significatives que fan referència al paisatge, al personatge i la tradició.

D'"Èxode", hom coneix quatre escultures i un conjunt escultòric.

"En Jaumet de Cal Panxut", "El Jaumet esmolant la dalla", "En Jaumet i les eugues", "El Basc", "Sant Bernat", "Dallaire", "Vaca", "Senglar", "Parella d'Eugues", hom coneix tres models diferents. "Timbaler", "Esquiador", en aquestes obres el model és el seu fill Francesc quan era vailet i quan fou campió d'Espanya d'Esquí des de 1950 fins a 1956 (amdòs inclossos).

Entre els anys 1988-89 en Viladomat va realitzar algunes petites peces en fang, com una "Parella de Bous".

El taller de Barcelona (1950-86)

Vers l'any 1950, Viladomat torna a Barcelona i hi instal·la el taller i residència al carrer Sarasate, situat a la part alta de la Diagonal, prop del Palau Reial de Pedralbes. Alterna aquesta residència amb estades a Andorra, on realitza diversos encàrrecs escultòrics per al Consell de les Valls, entre els quals un crucifix de plata per regalar al Papa Pius XII, durant el jubileu d'aquell any.

L'any 1951 inicia novament la participació en exposicions col·lectives barcelonines: Exposició Municipal de Belles Arts (1951-53) i Galeries Sant Jordi (1952), etc. Realitza part de les escultures de l'església de Santa Maria de Montserrat a Pedralbes.

1952. Guanya el concurs convocat per l'Ajuntament de Barcelona per ornamentar la font de la cruïlla del Passeig de Gràcia amb la Gran Via. Tanmateix, un seguit de controvèrsies aturen el projecte que el 1954 li serà encarregat per l'Ajuntament de Tarragona, on serà aixecat a la Rambla d'aquesta ciutat.

Referint-se a la polèmica que va despertar aquest conjunt escultòric, que va ser repudiada pels barcelonins, escrivia en Sempronio:

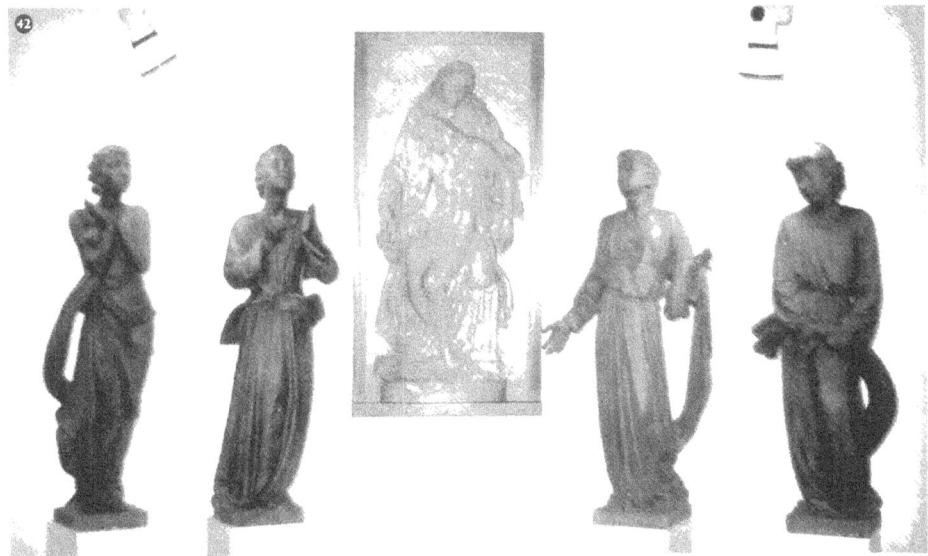

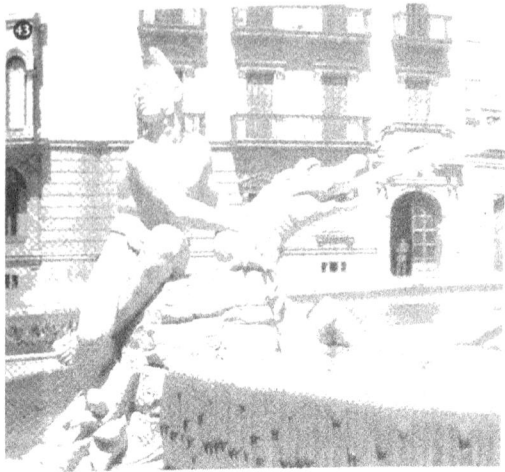

"En Viladomat ha aprofitat l'estada del Circ a les Arenes de Barcelona per treballar en el grup simbolitzador dels 4 Punts Cardinals, destinat a la font que, rebutjada pels barcelonins, serà erigida a la Rambla Tarragona. Diu en Vildomat, cada vegada sé prescindir menys del natural (...). En algunes de les meves obres de joventut és visible una preocupació per l'arabesc en detriment de la realitat. En canvi, avui crec que la missió de l'artista és assentar en la tela o en el fang la còpia de les coses tan fidelment com això sigui possible (...). Com ens passa a les persones, a cada actitud dels elefants correspon una diferent expressió de la cara. Com vols aconseguir-ho, si no és del natural".

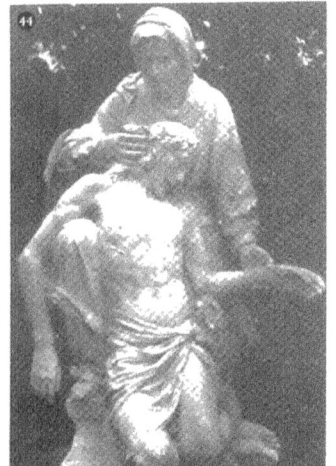

1954. Realitza una talla policromada de "La Pietat" per a la capella dels Dolors del Monestir de Sant Joan de les Abadesses, que abans de traslladar al seu emplacament definitiu, exposa a la Sala Gaspar de Barcelona.

1955. Exposició personal de vint-i-dues escultures a la Pinacoteca de Barcelona, majoritàriament realitzades els cinc darrers anys. Per encàrrec de Eliodor Servera de March realitza figures d'un Pas de Setmana Santa, per a l'església de Sant Francesc de la Ciutat de Mallorca.

1959. Esculpeix en marbre de Carrara el Monument a la "pilota de futbol" per al jardí del jugador Alfredo Di Stefano.

1960. Exposició personal de Saló Blau de Mar-i-cel (Sitges). A part d'una sèrie d'obres de producció recent, hi mostra públicament per primera vegada el "Pas de Setmana Santa" realitzat per a l'Associació de Propietaris de Sitges.

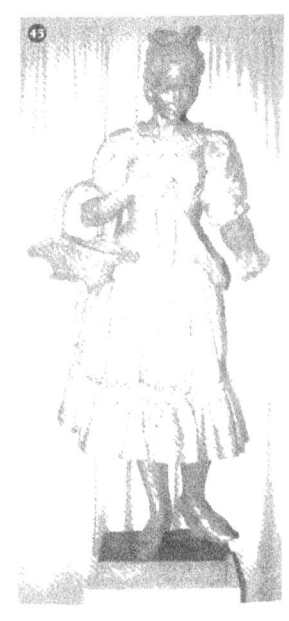

1963. Inauguració d'un "Bust de Ferran Valls i Taberner" a l'Arxiu de la Corona d'Aragó, amb motiu de la concessió, a títol pòstum, de la Medalla de la Ciutat de Barcelona a l'esmentat historiador i arxiver.

1966. Inauguració de l'estàtua de "Raquel Meller", realitzada també per encàrrec de l'Ajuntament de Barcelona i col·locada al Paral·lel.

1972. Instal·lació d'una còpia de bronze de "La Puntaire" al jardí "Costa i Llobera" de Montjuïc.

Realitzà també una escultura de "L'avi", inspirada en el personatge del dibuixant Valentí Castanys, encàrrec del Futbol Club Barcelona –del qual, en Viladomat n'era soci– i una escultura de Sant Ot per a la Parròquia de Sant Ot de Barcelona.

1975. Exposició personal de 15 escultures a la Sala d'Art Monjo 4, d'Andorra La Vella. Monument al Pare Pere Camps, a Sant Agustí de La Florida, EEUU. En aquesta obra, Viladomat s'autorretrata la figura. Correspon a l'home agenollat darrere la Maternitat. D'aquest

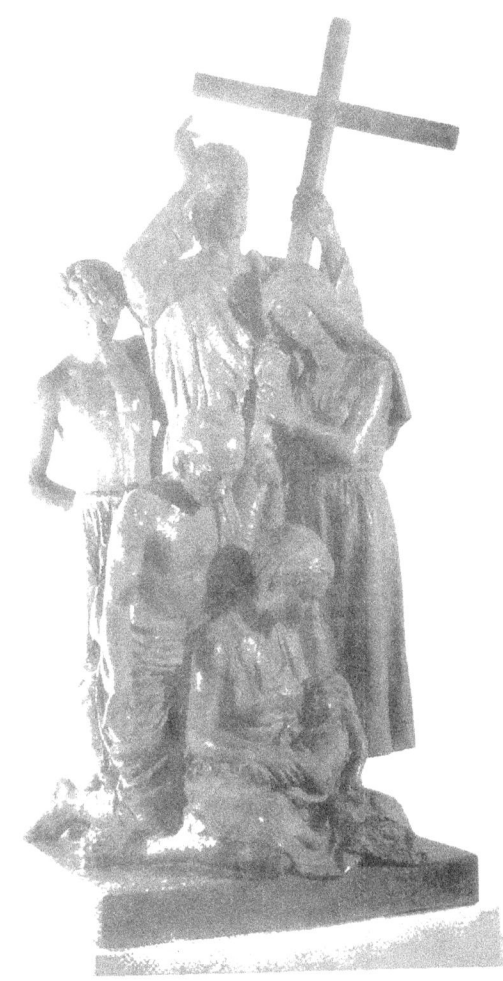

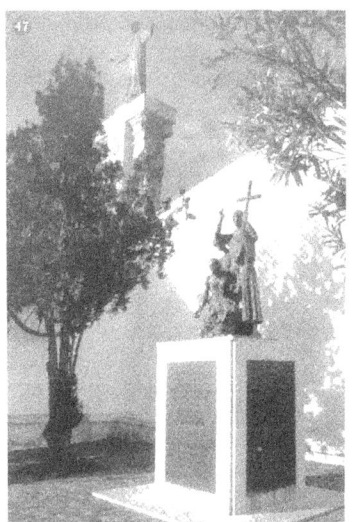

conjunt escultòric n'hi ha un altre al cim de la muntanya del Toro, el punt més alt de l'illa de Menorca (358 m.), segons informació del veterà fotògraf Octavi Cardona i Sans, menorquí resident molts anys a Ripollet.

1979. Participa en l'exposició homenatge "Quatre escultors del 99", organitzada per la Caixa de Barcelona.

1980. Rep l'encàrrec del govern de Mèxic de fer la maqueta del monument que hom dedicarà a Francesc Preto Neto, cònsol d'Espanya a la ciutat de Tampico a mitjans del segle passat i que desenvolupà una intensa activitat social i política en aquell país.

1982. Inauguració a Barcelona del Monument a Pau Casals, a l'avinguda homònima.

A principis de la dècada dels 80 l'exalcalde de Barcelona Narcís Serra encarrega a Viladomat una escultura que recordarà a l'universal músic català Pau Casals. El lloc per el seu emplaçament fou els Jardins d'Eduard Marquina, al Turó Parc. Viladomat volgué que l'estàtua fos de tamany natural, i es situés a pla de terra, perquè els admiradors pogueren sentir-se'n més propers al millor violoncel·lista de totes les èpoques.

L'escultura de Pau Casals, extraordinàriament fidel al model, incloïa l'arc del "Chelo". En previsió de l'actuació dels brètols, foren encarregats diversos arcs, per ésser reemplaçats, quan algun col·leccionista de trofeus, se l'emportés. Però els arcs s'exhauriren i l'Ajuntament optà per col·locar al nostre Pau Casals sobre un pedestal, lluny de les malsanes temptacions dels brètols.

El monument a Pau Casals consta de dues escultures i una placa darrera l'escultura del músic, hi ha una al·legoria de més de 7 metres d'alçada amb la placa incrustada, obra del cèlebre escultor Apel·les Fenosa, company de Viladomat a l'època que passaven els dos, pel taller del mestre i escultor Enric Casanovas.

La inauguració del monument que costà uns 34 milions de pessetes, tingué lloc el dia 6 de juny de 1982. Hi assistiren milers de persones que acompanyaren a l'exalcalde Narcís Serra; la vídua del mestre, la senyora Marta Casals; el president Jordi Pujol; Enric Casals, violinista i compositor, germà petit de Pau Casals i Apel·les Fenosa, entre d'altres personalitats.

A més a més d'aquesta escultura, se'n pot admirar una altra al Museu Viladomat, de l'Escaldes-Engordany i hom creu que també és obra seva, l'emplaçada al Vendrell, vila nadiua del cèlebre músic vendrellenc.

1983. Primera exhibició pública, després de la Guerra Civil Espanyola, de la República "Flama" a Madrid, dins l'exposició "Catalunya en la España Moderna".

1986. Reposició provisional de l'estàtua "Al·legoria a la República" a la plaça Sóller del districte barceloní de Nou Barris, tot esperant la remodelació de la plaça Llucmajor, que serà el seu futur i definitiu emplaçament, que es feu definitiu l'any 1990.

L'estàtua eqüestre de Franco (1962-1986)

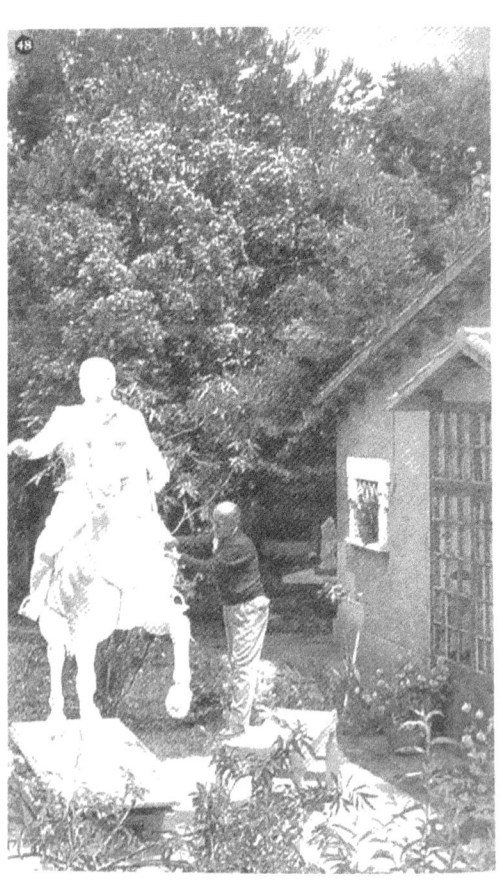

1962. Aquest any, en Viladomat rebé l'encàrrec de l'alcalde de la ciutat comtal, José M⁴ de Porcioles Colomer, de modelar l'estàtua eqüestre del general Franco, en agraiment per la cessió que féu el general del Castell de Montjuïc a la ciutat de Barcelona.

L'estàtua en bronze, de grans dimensions, fou instal·lada i inaugurada al pati d'armes del castell el dia 17 de juny de 1963.

Aquesta obra de Viladomat té un historial un xic polèmic, començant per l'encàrrec i acabant per la seva inauguració. La documentació existent sobre aquest capítol és extensa, per recopilar-la totalment ocuparíem molt espai d'aquest llibret, i hom creu que no és necessari, però sí que és important fer un extracte que reflecteixi quina era la situació política dels anys 60 i en quines condicions va haver d'executar l'encàrrec l'escultor Viladomat.

Escriu J. J. Caballero a "La Vanguardia":[15]

> *«El encargo de construir la representación equestre de F. Franco está rodeado de versiones contradictorias, como recogen en su libro "Els monuments de Barcelona" Josep Maria Huertas, Jaume Fabre i Pere Bohigas. Hay coincidencia en que la decisión fue adoptada por José Maria de Porcioles cuando Franco cedió a la ciudad el castillo de Montjuïc, pero a partir de ahí una y otra versión difieren*

15. "La Vanguardia". 19 maig 1966.

sustancialmente. Josep Viladomat explicó en una ocasión que en 1962, durante una de sus visitas a Barcelona, tuvo un problema con la policía.[16] Pocos meses después recibió una llamada de Porcioles -no hay que olvidar que además de alcalde de Barcelona era juez de Andorra- invitándole a trasladarse a Barcelona, donde le encomendó construir la estatua de Franco. Viladomat expuso al alcalde que el encargo no era de su agrado y le recordó su pasado republicano, pero Porcioles no dio importancia a estos hechos y no cejó en su empeño hasta conseguir que el escultor se comprometiera a construir la obra. Así lo hizo pero Viladomat aprovechó un error de la fundición, a resultas del cual las patas del caballo quedaron desproporcionadas respecto al resto, para pedir que la obra no fuera firmada con su nombre y reclamar que, en cambio, figurara en lugar destacado el del fundidor, como así ocurrió.»

«La otra versión la refiere José Tarín Iglesias, secretario de Porcioles, quien afirma que Viladomat no veía con buenos ojos el encargo, pero finalmente lo aceptó y asegura que el alcalde y el capitán general dieron personalmente el visto bueno a la escultura en una visita que realizaron conjuntamente al estudio del escultor. Tarín recuerda también el incidente policial de Viladomat -que tuvo origen en el coche de matrícula andorrana con el que circulaba por Catalunya-, pero lo desliga completamente del encargo de la estatua. Los autores del libro que recoge ambas versiones afirman por su parte que "Viladomat no nos ha desmentido nunca la historia que nos explicó con pelos y señales".»

J.J. Caballero

El 6 d'abril de 1978, el Sr. José Tarín Iglesias[17] feia un escrit de resposta a un reportatge publicat en una revista setmanal que no cita el nom, "Interviu"?, en el qual reflecteix la seva contrarietat per les opinions expressades per Josep Viladomat, i alhora, es pot observar les diferències i un cert ressentiment, entre la versió de Viladomat i la del Sr. Tarín Iglesias, de la qual hom extreu alguns paràgrafs, el títol és...

EL OLVIDADIZO SR. VILADOMAT

«En uno de los semanarios, donde la pornografía i la política van a medias, acaba de publicarse un reportaje auténticamente singular. Un ilustre escultor de esta tierra, intenta justificarse del porqué esculpió la estatua de Franco existente en el Castillo de Montjuic y nos da una visión realmente pintoresca, que ni él, con su desbordante imaginación, puede creérsela. Si alguien, en realidad tiene vela en este entierro es el que suscribe, que en definitiva -supongo que se acordará Viladomat- hizo la primera y única gestión, en el sentido de que si quería y podía aceptar el encargo.

Las cosas sucedieron de esta forma:

«Un día, llamé por teléfono al escultor para que viniera a verme a mi despacho de la secretaria de la alcaldia. Puntualmente compareció y le expliqué que con la inauguración del Museu Militar de Montjuic, se deseaba colocar una estatua equestre de Franco.

- Te llamo- le dije- para saber si te interesa el encargo. Ya sé que es un poco delicado, teniendo en cuenta tu forma de pensar. Pero, de todas formas, Porcioles ha querido ofrecértelo a ti, ¿qué te parece?

El escultor quedóse sorprendido. No supo qué contestar y sólo acertaba a murmurar:

- Ja és fotut! Ja és fotut!

Al fin decidióse: ¡Acepto! Puedo hacer una gran cosa. Me acuerdo del caballo del Capitolio de Roma...

---

16. En aquella època Viladomat tenia al mateix temps taller i casa a Barcelona i a les Escaldes d'Engordany, i en un dels viatges els duaners li confiscaren el Volkswagen que duia matrícula andorrana, l'escultor va demanar que Porcioles intervingués per solucionar-li el problema, cosa que aquest va fer.

17. "El Noticiero Universal", 6 abril 1978.

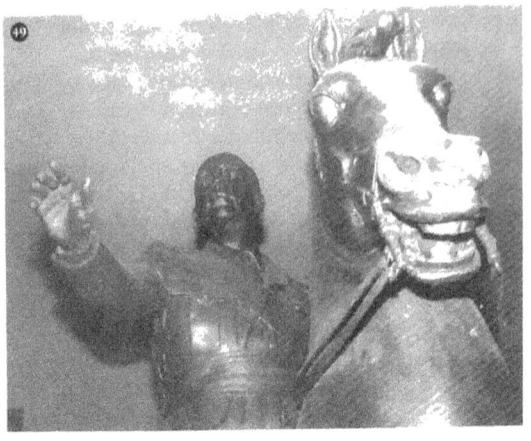

- No deseamos comprometerte -le repliqué- pero nos gustará mucho que lo hicieras tú...
- ¡Sí! ¡Sí! ¡Decidido! Y agregó, en tono contundente:
- Que es fotin!
Cuando tuvo terminada la primera maqueta, el alcalde llevó a casa del escultor al capitán general, que lo era don Pablo Martín Alonso. El ilustre militar le ofreció un buen caballo para que completara los detalles, así como lo concerniente a los atributos militares, en cuanto se refería al uniforme. Lo que no me acuerdo es lo referente a la fundición, pero dudo que Andrés Ribera impusiera ningún nepotismo en este aspecto.

El señor Viladomat es el autor de la estatua de Franco porque así lo decidió él sin ninguna clase de chantaje ni cosa parecida. Es más, el día de la inauguración de la estatua, Viladomat asistió al acto y don Pablo Martín Alonso lo buscaba desesperadamente para presentárselo al Jefe del Estado. El escultor escurrió el bulto diciendo:
- Hablo muy mal el castellano y no sabré que decir...
En cuanto al asunto del coche, nada tiene que ver con la estatua. Había pasado bastante tiempo cuando un día apareció de nuevo Viladomat en mi despacho auténticamente asustado. Le habían, más o menos, confiscado el Volkswagen (El que suscriu creu que l'execució de l'estatua del Caudillo fou la moneda de canvi que va haver de pagar, per l'afer del cotxe i les pressions administratives que va haver de soportar, proves d'això, que es negués a signar l'obra al.legant un error de foneria, i no volgués parlar amb el "Jefe del Estado").

... Venía para ver si Porcioles podía intervenir en su favor, como así efectivamente lo hizo y por cierto que para lograr una mayor eficacia en la gestión adujo que era el autor del citado monumento.
He aquí la verdad de los hechos. Téngase en cuanta además de que Viladomat fue posiblemente el escultor que mayor número de encargos recibió del Municipio...»

["Franco en Montjuich", "Santa Eulalia" y "Sant Jordi" para el Salón de la Reina Regente, "Raquel Meller", "La Puntaire" i las cuatro graciosas fuentes ("Els quatre continents") que proyectó Viladomat i que no pudieron realizarse por falta de material de partidas en el presupuesto].

I ja per acabar escrivia el Sr. Tarin Iglesias:

[...En esta ocasión, el admirado amigo Viladomat, se ha pasado o mejor dicho, ha sufrido un extraño y momentáneo ataque de amnesia. No puedo creer otra cosa].

José Tarin - Iglesias.

La història de l'estatua del General Franco s'acaba de moment el dia 8 de maig de 1986 quan aquesta fou traslladada del pati del castell a l'interior del Museu Militar, ubicat al mateix lloc.
El canvi no va ser gens fàcil, pel poc espai que tenen les portes i finestres de les dependències, així és que el Sr. Franco tingué que descavalcar-se, i, amb una grua es va poder entrar per l'exterior de la

muralla que dona al mar, primer el genet i després la cavalcadura, i ja a l'interior, tornar-lo a muntar. El trasllat va ser fet amb molt de sigil, en presència d'un arquitecte municipal i del director del museu. La notícia del trasllat es dóna a la premsa l'endemà, a les 9 de la nit, mitjançant un tèlex de quatre línies. L'any 1992, fou editat un catàleg, pel Museu Viladomat, sota L'Alt Patronatge de l'Honorable Comú de la Parròquia d'Escaldes-Engordany, coordinat per l'escriptor i historiador d'art en Joan-Francesc Ainaud i Escudero. Arxiu de la família Viladomat i fotografies de Raul Reynoso.

Aquest catàleg, si és de gran qualitat artística per les fotografies, ho és encara molt més per la profunditat i coneixement de la vida, obra i caràcter de l'escultor Josep Viladomat, que reflecteixen els escrits del Sr. Joan Ainaud de Lasarte i el resum cronològic que fa en poques pàgines el coordinador de l'obra, el Sr. Joan-Francesc Ainaud i Escudero.

Des d'aquestes pàgines, agraeixo als dos historiadors l'oportunitat que m'han donat personalment de posar-me a l'abast tan valuosa informació.

Tampoc hom vol oblidar el gran servei que m'han proporcionat els treballs efectuats al catàleg del Museu de Manlleu, els abans esmentats historiadors, la Sra. Maria Rosa Pous i Fàbregas, i el Sr. Francesc d'Asís Pujol i Escalé, aquest últim, dissortadament traspassat.

Viladomat i Manlleu(1919-1989)

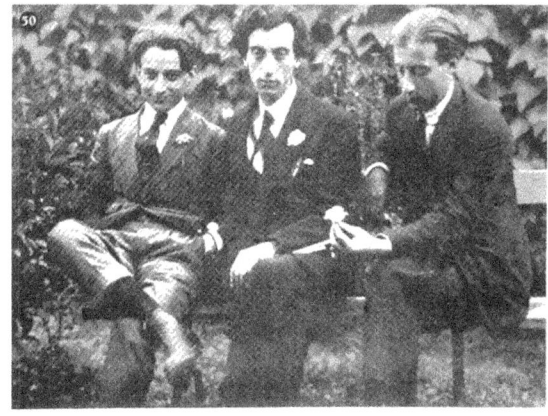

Sabut és, per les persones properes a la figura d'en Josep Viladomat, el bon record i la veneració que sentia l'artista vers el poble que el va veure néixer, i de l'amistat que cultivà amb els amics i coneguts amb el transcurs dels anys, aquest aspecte queda palès, amb les visites que feu al llarg de la seva vida, des de l'època en que sent vailet va deixar Manlleu, fins la darrera visita que feu al poble el dia 23 d'abril, dos mesos abans del seu traspàs que tingué lloc de 2 de juny de 1989. Tot seguit relatarem diferents dades de les visites a Manlleu extretes de publicacions de diverses èpoques.

Ben segur que no seran recollides totes, però son les que tenim a l'abast. L'any 1919 en Viladomat i els seus inseparables amics i fundadors del moviment artístic anomenat el "Grup dels Evolucionistes", visitaren Manlleu i la Plana de Vic. En Viladomat, Joan Serra, pintor, i Juli Pons, pianista, estigueren per la comarca fent que els agradava i sabien fer: pintar, tocar el piano i dibuixar.

Mausoleu del bisbe Aguilar (1926)

L'any 1926 rep l'encàrrec d'executar un baix relleu per honorar la figura de l'insigne patrici manlleuenc, el Dr. D. Francesc Aguilar (1826-1899), bisbe de Segorb, escriu Mn. Jaume Collell al respecte:[18]

---

18. Jaume Collell, l'Abella d'Or a Vic (1929)

"L'any 1880, el Dr. Francesc Aguilar va acceptar la Mitra de la Seu de Segorb, fins sa imponderable tasque episcopal, amb el seu traspàs que tingué lloc el 16 de desembre de 1899, a l'edat de 73 anys.

Amb motiu de celebrar-se el 1er. Centenari del naixement de l'il·lustre sacerdot, en els primers dies del mes d'octubre de 1926, ses despulles mortals portades de Segorb, reberen condigna i religiosa sepultura en l'altar de Sant Josep, de son temple parroquial.

Els actes litúrgics es celebraren el dia de Sant Francesc, amb l'assistència de personalitats civils i eclesiàstiques de la Comarca, Manlleu i Segorb, acompanyats de tot el poble de Manlleu, que li tributà un solemne homenatge.

En la tomba, a més de son escut i segell episcopal, s'honora amb el trofeu simbòlic de la "llançadora enllaçada amb la ploma". Aquest trofeu figura al peu del mausoleu sobre la sepultura que té gravada aquesta inscripció: VAS SEPULCRAL -DEL-ILLM Y RVM DR. D. FRANCESH AGUILAR-BISBE DE SEGORB-NATURAL DE LA VILA DE MANLLEU-BATEJAT EN AQUESTA PARROQUIA.

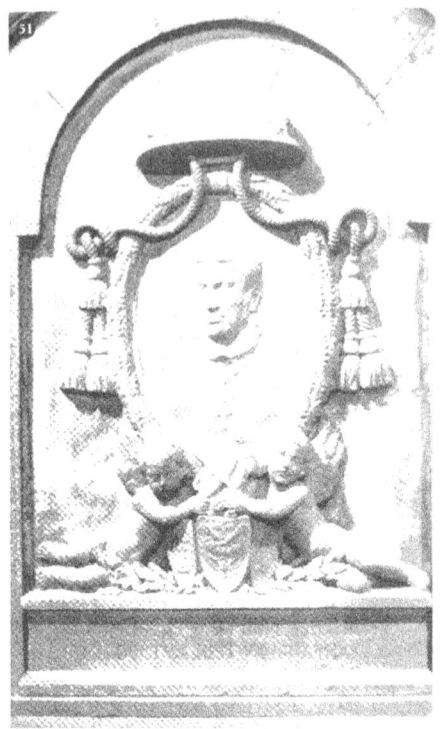

I en el plint del baix-relleu on s'hi admira la venerable efígie del Bisbe Aguilar, obra de l'escultor Viladomat, s'hi tingué la lloable idea de fer-hi constar unes paraules del Papa Lleó XIII, que venen a ser com un salm encomiàstic del més insigne dels fills de Manlleu: FRANCISCUS PAUPER ET HUMILIS Doctors HISTORIAGRAPHUS.

Homenatge Guàrdia-Viladomat, any 1928

Fem un recull de la crònica que feia en Lluís Coll:[19]

"...Homenatge a que arran de l'exposició que feren dos artistes fills d'aquesta vila, en Josep Viladomat i en Jaume Guàrdia, pintor, els hi fou fet el 2 de setembre de 1928. Concorregueren a la festa de companyonia, 150 comensals a l'àpat que els fou ofert al Cafè de Cal Descarnat, a la Plaça Bernardí. Al brindis hi parlà en Josep Espelt que oferí l'àpat en nom de totes les societats de la Vila essent llegides 25 adhesions..." "També hi digué quatre paraules amarades d'art i amistat als homenatjats, el pintor Joan Serra". La convocatòria d'aquest acte, deia: " Manlleuenc: Les entitats locals, sense distinció de cap mena, han organitzat pel provinent diumenge dia 2 de setembre un dinar popular d'homenatge, a aquests nostres compatricis en Jaume Guàrdia i en Josep Viladomat per la gentilesa que han tingut de deixar-nos saborejar les belleses que inclouen les gaies produccions que integren la magna exposició instal·lada als baixos de la Casa de la Vila".

19. Lluís Coll, *El patriotisme a Manlleu*. Del catàleg "J. Viladomat Escultures", Museu de Manlleu, Abril-Juny 1989, p. 49, per la transcripció: Francesc d'Asís Pujol i Escalé

Els passos de Setmana Santa de Manlleu

Del catàleg dedicat a Viladomat pel Museu de Manlleu, destaquem:[20]

> *Entre la imatgeria religiosa de Viladomat, admirada en molts indrets, no hi podia mancar la valuosa representació a casa nostra. Dintre l'esplet de les pies manifestacions de Setmana Santa, dos pemis -dues confraries- li encarregaren els passos processionals de l'oració a l'Hort (Els Metal·lúrgics) i el de la Verònica (Els textils), de descripció crítica, dels quals mereixeria força extensió. El primer està format per un Crist mig agenollat i un bellíssim angel que sosté el calze del dolor. L'altre està representat per un Jesús caigut, ajudat pel Cirineu i, davant la imatge del Crist, la Verònica amb el drap impregnat del rostre diví.*

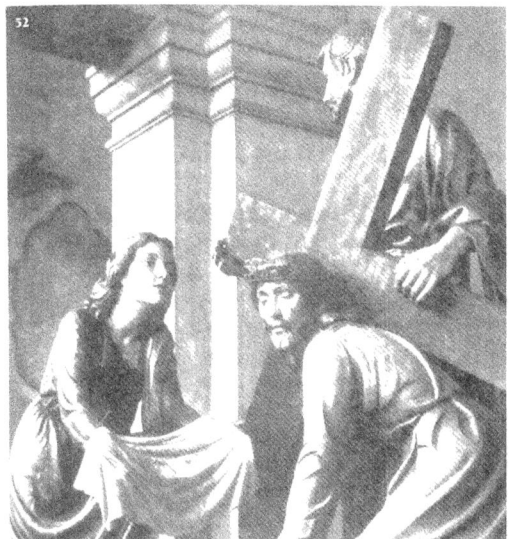
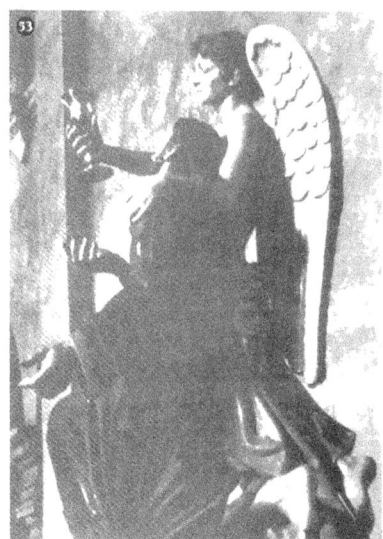

Col·legi del Sagrat Cor de Jesús

L'any 1955 assistí a Manlleu al dinar de germanor, compartit amb centenars d'alumnes vinguts d'arreu, per a commemorar el 75é aniversari de la fundació del Col·legi salesià del Sagrat Cor de Jesús (1880-1955).

El bust en bronze del fundador, germà Enric Delaris, fou confiat a l'antic alumne Josep Viladomat, situat l'any 1955 al vestíbul de col·legi.

Època de malaurança 1936-1942

De l'afecció que sentia en Josep Viladomat per el lloc en que va néixer, queda palesa amb la crònica que escriví el seu bon amic en Francesc d'Asís Pujol i Escaté i que diu així:[21]

---

20. Francesc d'Asís Pujol i Escaté, del catàleg Josep Viladomat, Museu de Manlleu, abril-juny 1989.
21. Francesc d'Asís Pujol i Escaté, del catàleg Josep Viladomat, Museu de Manlleu, abril-juny 1989.

"Una circumstància per la qual s'afirma en aquest concepte de manlleunanquisme. Un fet en que Josep Viladomat demostrà la seva confiança i amistat a la Vila; a primers d'Agost de 1936, en plena fúria iconoclasta, en Viladomat, fent ús de certa relació i amistat amb algú de la Generalitat (el conseller de cultura de la Generalitat, Ventura i Gassol) aconseguí transportar, dissimuladament i amb molt perill la imatge de bronze del famós Sant Francesc, de Montserrat, el qual ja havia estat "afusellat" (El mot "afusellat" té ple significat en aquest cas, puix la imatge portava uns quants trets al cap) pels incontrol.lats d'aquells ensagnats dies. El destí d'aquella inspiradíssima escultura, fou Manlleu. Es guardà en l'improvisat i efímer Museu durant la Guerra". "I encara un altre esdeveniment que confirma aquesta tendència afectiva i confiada vers els manlleuencs. Durant la desfeta del front de guerra a Catalunya, a primers de l'any 1939, en Viladomat, de pas cap a la frontera, confià la seva muller n'Emília Lena i el seu fill Francesc a la família Isidre Pujol i Escalé-Trinitat Molas i Costa, que vivien a la plaça Quintana. Les filles de Viladomat, Maria Rosa i Adelaida, van ingressar en un col·legi de Banyuls (Vallespir)".

Hom té una altra visió que difereix un xic en alguns punts, de la que dóna el Sr. Francesc d'Asís Pujol i Escalé.
On retratair-nos a l'allotjament que hi tenien la família Viladomat, en el període 1936-39, al Monestir de Montserrat, l'any 1938 veient aquest que la guerra s'acabava a favor dels sublevats, va enviar ses dues filles Mª Rosa, de 14 anys, i Adelaida, de 12, a un col.legi-internat de Banyuls de Vallespir. El gener de 1939 la resta de la família deixaven el Monestir per a marxar a l'exili, fou llavors tal i com diu el Sr. Pujol i Escalé que en Viladomat confià la seva muller n'Emília Lena i el seu fill Francesc al matrimoni Escalé-Molas, de Manlleu, l'escultor prosseguí son trist camí vers l'exili, possiblement pel Coll d'Ares, i el camp de concentració.

L'any 1940 per desig del matrimoni Viladomat, l'escultor i uns amics de Manlleu cercaven les dues nenes a Banyuls, i els amics manlleuencs l'atansaren a la mare d'aquestes i així poguessin fer la primera comunió, tot seguit les dues filles passaren a viure amb uns familiars de Barcelona, i l'any 1941 uns amics portaren al petit Francesc amb el seu pare a Escaldes-Engordany. A l'any següent 1942 passaren el Principat la resta dels components de la família.[22]

El 15 de novembre de 1964, fou inaugurat el monument a l'empresari i inventor tèxtil, manlleuenc d'adopció, Josep Serra i Sio.
Aquest monument consta d'un pedestal de pedra de 2 metres d'alt i un medalló de bronze amb l'esfinx del Sr. Serra, rematat amb la cèlebre escultura, també en bronze, "La Manlleuenca", obra de Josep Viladomat.
(La gràcil figura femenina, amb un brot de llorer, a la mà dreta, i la mà esquerra oberta i lleugerament aixecada, plasma l'heràldica de la Vila, d'aquí el nom de "La Manlleuenca". El "Nu" en bronze, Museu d'Art Modern (1934), també plasma amb la mà esquerra l'heràldica de Manlleu.)
En una entrevista que un estudiant manlleuenc li va fer l'any (1983? 1985?) en Josep Viladomat considera com les seves obres més importants: "Sant Francesc d'Asís" (Montserrat),

---

22. Segons entrevista oral de l'autor amb Adelaida Viladomat, el 22 de febrer del 2000

"Sant Pere" (Montserrat) i "Maternitat" (Ajuntament de Barcelona). I com les seves obres preferides, "La República"; monument dedicat a Pi i Margall, "La Violetera" dedicat a la cupletista "Raquel Meller" (Carrer Nou-Paral.lel) de Barcelona, "La Puntaire" (Montjuïc)- (Escaldes-Engordany), "La Verònica", "Jesús a l'Hort"... (Manlleu).

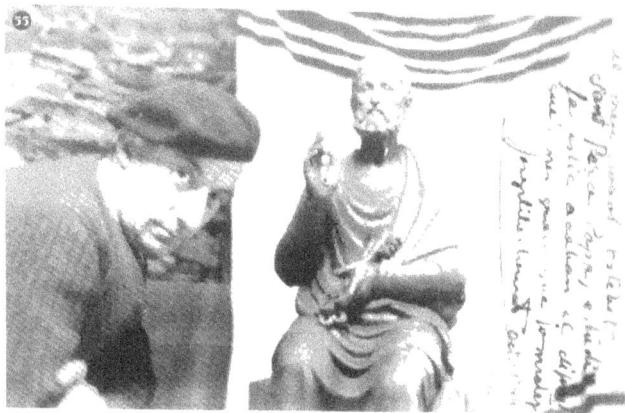

Així també defineix Manlleu com el seu poble, on hi ha molta gent que l'estima "El poble on s'ha nascut és sempre el més bonic". De Catalunya diu que "és una nació que tirarà endavant si no ens emprenyen gaire..."

L'any 1988, una comissió manlleuenca va visitar-lo, les tres personalitats, en representació de l'Ajuntament i el Museu de Manlleu, s'atansaven a Escaldes-Engordany per a preparar una exposició-homenatge a l'insigne artista, amb motiu d'apropar-se'n el 90é aniversari del seu naixement. Aquesta comissió visità el Museu Viladomat on s'exhibien més de 175 obres, totes elles de l'escultor. Foren atesos amablement, pel propi artista, el seu fill Francesc i el conservador del Museu Sr. Carbonell, en l'entrevista pogueren constatar que en Viladomat conservava una gran claredat d'idees i records d'aital forma, que induí als historiadors Josep Mª Ainaud de Lasarte i el fill, Joan-Francesc Ainaud i Escudero, que escrivissin un llibre de propera edició, on s'hi recull la vida i obra de l'artista. Ell que esperava ser present a Manlleu per la inauguració, i a més a més "menjar llangonissa, ni seca ni tova, però amb el corresponent pebre"..., paraules textuals seves.

Homenatge a l'escultor a Manlleu

De resultes de l'entrevista, s'organitzaren a la Vila de Manlleu tot un seguit d'actes d'homenatge del poble de Manlleu a un dels seus fills més estimats i recordats, en el 90é aniversari del seu naixement. Els actes que tingueren lloc el dia 23 d'abril de 1989 (Diada de Sant Jordi) foren els següents:[23]

"El carrer del Pont, va ser el primer escenari d'aquest esdeveniment, amb unes connotacions culturals i històriques evidents, tal com el mateix regidor de cultura de l'Ajuntament manlleuenc, Miquel Vallduriola, va remarcar, a més de les significacions "d'un humà i patriòtic": el mateix va qualificar com a deure fer reconeixement dels grans personatges de cada poble, com a "recordatori de la nostra mateixa identitat", Josep Viladomat com a cloenda, va des-

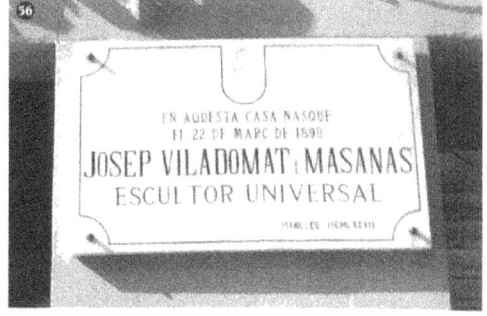

EN AQUESTA CASA NASQUÉ EL 22 DE MARÇ DE 1899
JOSEP VILADOMAT i MASANAS
ESCULTOR UNIVERSAL

23. Joan Arimany, "El 9 Nou", 24 d'abril de 1989.

tapar la placa que recorda el seu naixement en la casa del carrer del Pont, núm. 44, on passà sa infantesa fins als deu anys que va anar a viure a Barcelona".
"La inauguració de l'exposició que porta per nom "Josep Viladomat escultures" va tenir lloc tot seguit en el mateix Museu Municipal de Manlleu. Assumpta Tort, directora d'aquesta entitat, va ser la que va encetar els parlaments, dirigits a elogiar i agrair a Josep Viladomat l'aportació personal en aquesta mostra "en aquest cas, es presenta l'obra d'un artista de la comarca i universal i, de passada, recuperem l'obra d'aquest gran escultor, per al públic de Manlleu i de la comarca, esperant que serveixi d'homenatge que li donem a l'artista".
L'alcalde de Manlleu, Joan Usart va acabar amb la inauguració dirigint un agraïment, al mateix Viladomat i intenten copsar el sentiment de tots els manlleuencs i la satisfacció per la seva presència.
Viladomat va manifestar que el Manlleu que ara havia trobat era diferent al que va conèixer en els primers anys de la seva vida i que el que més trobava a faltar era la gent que havia conegut com en Puget."

L'exposició constava d'unes 25 escultures, la major part de les quals eren de bronze procedents del Museu Viladomat d'Escaldes-Engordany i d'altres particulars manlleuencs. Recollien la temàtica que més va treballar al llarg de la seva vida: el nu femení, el retrat i la figura religiosa.
Amb motiu d'aquesta exposició, el Museu de Manlleu va editar un llibret amb un conjunt notable d'articles fets per especialistes.
[Joan Ainaud de Lasarte, escriptor i historiador d'art.
M. Rosa Pous i Fàbregas, manlleuenca, llicenciada en Filosofia i Lletres (secció Història de l'Art).
Joan-Francesc Ainaud i Escudero, historiador d'art.
Francesc d'Asis Pujol i Escalé, manlleuenc cronista, escriptor i amic personal de Viladomat, va morir l'any 1999.

Monolit en record als Viladomat

El 22 d'Agost de 1993 va tenir lloc l'acte de bateig del nou parc de Viladomat, coincidint amb les festes del barri de Gràcia. Amb motiu d'aquesta celebració es va descobrir una placa en la que hi figuren els noms dels tres il·lustres manlleuencs, Josep Viladomat i Massanas, escultor, Joan Viladomat i Massanas, músic i el fill d'aquest darrer, Esteve Viladomat i Mercader, músic. A l'acte hi van assistir representants de l'Ajuntament encapçalats per l'alcalde Joan Usart, el president de l'associació de veïns del barri de Gràcia, Joan Sitjà, juntament amb membres de la Junta Directiva. Al mateix temps, també va destacar la presència de diversos membres de la família Viladomat, tant de la branca de l'escultor com de la branca dels músics.
En el torn de parlaments, Joan Usart, Dolors Rovira i Ramon Sitjà, van destacar la importància de les figures d'aquests tres artistes, així com l'orgull que han de sentir tots els manlleuencs per ser compatricis dels Viladomat.

Recull de frases sobre Viladomat

A continuació, es dóna un recull d'algunes frases publicades a diversos mitjans de comunicació, fetes per amics, periodistes, crítics d'art i historiadors, sobre la figura de l'escultor Viladomat. "Sr. Viladomat, escultura què és?" "És un volum on s'ha de posar un braç al seu lloc i el cap a sobre de les espatlles. On no hi ha cap, ni braços, es només un volum inexplicable. Aquest volum, quan l'escultura és bona, està dins i no es veu el d'ells (l'abstracte) és el volum visible i res més".[24] "L'obra d'un escultor manlleuenc que té una important i vasta obra escampada per tot Catalunya, Andorra i arreu del món". M. Àngels Ferrer. "Un escultor d'un domini absolut de la tècnica, d'una gran habilitat al servei d'una sensibilitat a flor de pell, d'un instint agudíssim, i sobretot, d'un formidable temperament d'escultor nat". Sebastià Gasch.

"En Josep Viladomat s'ha mantingut permanentment fidel als conceptes que van orientar la seva joventut. Mentre ell seguia el seu camí, no gens fàcil ni expedit, ha vist sorgir i desaparèixer genialitats i sistemes que començaven prometent-ho i acabaren no donant més que l'efímer escàndol ocasional de la seva aparició. Aquesta fidelitat no s'ha sostingut en un desmaiat fer la viu-viu, ni en una progressió contínua, en una constant refermança de les seves qualitats, fins arribar a la robusta i càlida maduresa d'avui".[25]

"Les línies estructurals que perfilen les seves obres són en general corbes suaus, insinuades solament sense formar angles bruscs, tot al contrari, en elles tot hi és arrodonit, no hi ha cap signe de violència. La distribució dels volums és sempre equilibrada i els eixos de simetria reparteixen compensadament les masses".[26]

"A lo largo de su extensa vida, no fue solo escultor de chicas jóvenes, evocadoras del lejano ideal de belleza. Su repertorio contempla con amplitud la temàtica religiosa, las labores agrícolas, payeses en el tajo, grupos de jóvenes en movimiento y también un grupo importante de figuras animales".[27]

"Ágil de mente y colorista en la expresión, Viladomat caía bien a todo el que le conociera. Y no es que usara de amabilidades ni que disimulara su pensamiento, por naturaleza acerado en los juicios. Es que sabía estar con naturalidad, sin artificios. Era como sus esculturas: atrayente en el orden de los volúmenes y fuerte en la materia de que estaba hecho".[28]

"Viladomat era sensible, cordial, afable" ... "del do admirable del respecte que l'escultor sentia pel cos humà, les seves escultures són plenes de dignitat fent-ne uns elements sense manipulacions barroeres".[29]

24. Entrevista feta a Viladomat per Del Arco.

25. Joan Francesc Ainaud i Escudero. Catàleg Museu de Manlleu, 1989.

26. Mª Rosa Pous, Manlleu, Publicació 30 de juny de 1989.

27. Teresa Camps Miró. "La Vanguardia", 3/6/89.

28. Josep Maria Cadena, "El Periódico", 3/6/89.

29. Homilia a la missa exequial que oficià el Rector de l'Església de Sant Pere Màrtir, d'Escaldes-Engordany, el 3 de juny de 1989.

Fotos

❶ **Família Viladomat.** Dret, Pere Viladomat; asseguda, mare Ramona Massanas, Joan (músic), Carme i el petit Pere, en Josep no havia nascut. (Arxiu Godés)

❷ **En Pere Viladomat a la seva barberia.** (Biblioteca Bisbe Morgades)

❸ **Els germans Viladomat al complet.** D'esquerra a dreta: Josep, Carme, Pere, assegut Joan. Any 1917. (Biblioteca Bisbe Morgades)

❹ **Josep Viladomat. Any 1919.**

❺ **Família Lena:** Emília, muller de Josep Viladomat, Oscar, Vicenta Lombardi, Albert Lena, Albertina, muller de Ramon Albiñana. (Arxiu Emília Viladomat)

❻ **El grup dels Evolucionistes. Any 1918.** A l'esquerra, Joan Cortés, vestit de mariner Josep Viladomat, a l'extrem dret el pintor Joan Lena. (Arxiu Cortés)

❼ **Relleu de Josep Granyer, "La penya dels Evolucionistes al Lyon d'Or".** En Viladomat és el quart per l'esquerra. (Arxiu Cortés)

❽ **"Maternitat", marbre, any 1923.** Ajuntament de Barcelona.

❾ **"Sant Francesc", any 1927** (model Octavi Cardona). Monestir de Montserrat.

❿ **"Victòria de Samotràcia", reproducció del taller Lena,** c/ Sant Sebastià (Ripollet). A l'extrem dret el Sr. Albert Lena i els seus treballadors. Any 1925. (Arxiu Trini Farell)

⓫ **Entrada al taller d'Albert Lena,** c/ Sant Sebastià (Ripollet), any 1928. Sobre el pilar esquerre es pot albirar la Maternitat, en ciment, de J. Viladomat. (Arxiu Lázaro)

⓬ **"Il contino", pintura del pintor Fortuny** en què es basà Viladomat per la seva obra del mateix nom.

⓭ **"Il contino" (1927).** N'Octavi Cardona en fou el model. Museu Viladomat.

⓮ **"Samaritana", atribuït a Viladomat i fet als tallers Lena.** Obra en ciment situada en una torre de Cerdanyola.

⓯ **"Flama" (1932), monument** que fou emplaçat a la cruïlla Diagonal-Passeig de Gràcia. Model: Marcè. Museu Viladomat.

⓰ **"Al·legoria del Penedès", model de la nena Ma. Rosa, filla de Viladomat.**

⓱ **"Noia asseguda en coixí", model: Marcè. Museu Viladomat Andorra.**

⓲ **Recuperació de les pedres del monument a la República** que es devia fer a la plaça Sant Ramon, juliol de 1981.

⓳ **"La Pietat" (1925), marbre.** Cementiri vell de Cerdanyola, família Altimira.

⓴ **Model en fang a tamany natural. Any 1932.** Viladomat als tallers de J. Roviralta.

㉑ **"Les Baquetes", de Valentí Castanys (1931),** de l'exposició col·lectiva d'artistes de Cerdanyola. (Arxiu J. Munó)

㉒ **Foto d'un casament a Barcelona.** Ramon Albiñana, Albertina Lena, Josep Viladomat, Emília Lena.

㉓ **Inauguració del monument a la República,** Passeig de Gràcia-Diagonal. Any 1936.

㉔ **Monument als vencedors, de Frederic Marés. Any 1940.**

㉕ **Viladomat als magatzems municipals del carrer del Ciervo, any 1977.**

26 Nu de dona, any 1934. Museu d'Art Modern de Barcelona.

27 "El Madriles", 1938. Museu Viladomat.

28 "Rojillo", Montserrat. 1938. Museu Viladomat.

29 "Exode", Museu Viladomat.

30 "Exode", Ma. Pilar Mimó.

31 "Pau Casals", Museu Viladomat.

32 Josep Viladomat i el seu taller i borda andorrana. Any 1944.

33 "Manolita", Museu Viladomat.

34 "Sortint del bany", marbre. Museu Viladomat.

35 "Contrapas", bronze. Any 1966. Casa de la Vall d'Andorra.

36 Segell del Principat d'Andorra, emès pel Servei de Correus l'any 1966.

37 "Puntaire", jardins Costa Llobera (Barcelona) i Escaldes-Engordany.

38 "Timbaler", model Francesc Viladomat. Museu Viladomat.

39 "Jaumet esmolant la dalla", anys 40. Museu Viladomat.

40 "Esquiador", bronze. Any 1953. Model Francesc Viladomat. Museu Viladomat.

41 "Joventut", bronze. Jardins d'Escaldes-Engordany.

42 "Angels", 1951, esglèsia de Santa Maria de Montserrat (Pedralbes). Al centre, "la Pietat", baix relleu, esglèsia de Sant Pere Martir (Escaldes-Engordany). Museu Viladomat.

43 "Font dels quatre punts cardinals", any 1952. Tarragona.

44 "Pietat", any 1954. Capella dels Dolors, Sant Joan de les Abadesses.

45 "La violetera", 1966. Av. del Paral·lel, Barcelona.

46 Monument a Pere Camps, 1975. Sant Agusti de la Florida, E.U.A. L'home agenollat és un autoretrat de Josep Viladomat.

47 Monument a Pere Camps, muntanya del Toro (Menorca).

48 Any 1963. L'escultor retocant l'estàtua de Franco, estudi del carrer Sarasate (Barcelona).

49 Estàtua eqüestre de Franco, bronze. Instal·lada al Museu Militar de Montjuïc.

50 Manlleu, any 1919. D'esquerra a dreta: Joan Serra (pintor), Juli Pons (pianista) i Josep Viladomat. (Arxiu J. Cortes)

51 Relleu del bisbe Francesc Aguilar. Manlleu, any 1927. (Arxiu A. Latorre)

52 "La Veronica", talla de l'any 1952, Manlleu. (Arxiu Xavier Valls)

53 "L'oració a l'hort", talla de l'any 1950, Manlleu. (Arxiu Xavier Valls)

54 "La manlleuenca", bronze. Any 1954. (Arxiu Albert Lazaro)

55 "Sant Pere", Josep Viladomat al seu taller "La borda" a Escaldes-Engordany. Any 1944.

56 Placa commemorativa on naixé J. Viladomat. (Arxiu Albert Lazaro)

Genealogia de la família Viladomat

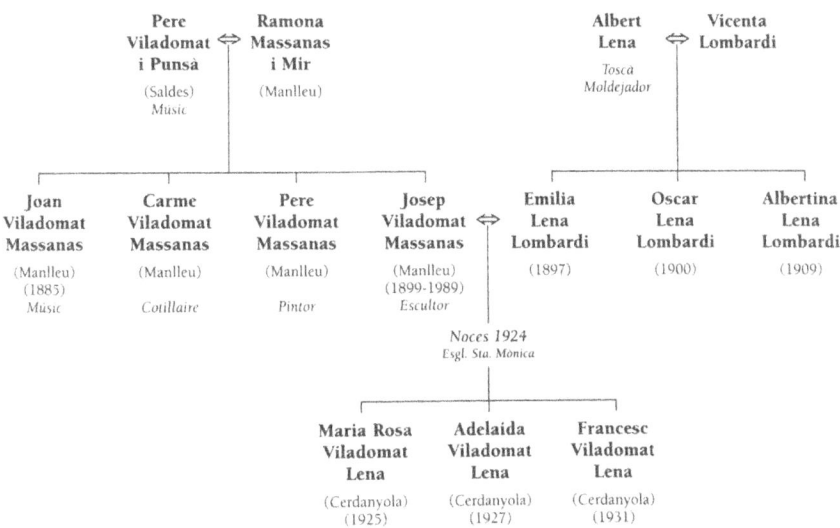

Pere Viladomat i Punsà (Saldes) Músic ⇔ Ramona Massanas i Mir (Manlleu)

Albert Lena *Tosca Moldejador* ⇔ Vicenta Lombardi

Joan Viladomat Massanas (Manlleu) (1885) *Músic*

Carme Viladomat Massanas (Manlleu) *Cotillaire*

Pere Viladomat Massanas (Manlleu) *Pintor*

Josep Viladomat Massanas (Manlleu) (1899-1989) *Escultor* ⇔ Emília Lena Lombardi (1897)

Oscar Lena Lombardi (1900)

Albertina Lena Lombardi (1909)

Noces 1924 Esgl. Sta. Mònica

Maria Rosa Viladomat Lena (Cerdanyola) (1925)

Adelaida Viladomat Lena (Cerdanyola) (1927)

Francesc Viladomat Lena (Cerdanyola) (1931)

Bibliografia

Per l'elaboració d'aquest llibret, he emprat la següent bibliografia:

AINAUD I ESCUDERO, Joan Francesc: Ccoordinador del catàleg "Museu Viladomat", editat per Francesc Viladomat, Escaldes-Engordany, 1992.

Arxiu Biblioteca Bisbe Morgades (Manlleu): Articles de premsa, de diverses èpoques.

CASTANYS, Valentí: *La memòria es diverteix*. Edic. Destino. Barcelona, 1966.

Catàleg "Viladomat, Josep. Escultures". Edic. Museu. Manlleu, 1989.

COLLELL, Jaume: *L'Abella d'or a Vic*. Any 1929.

CORTÉS I VIDAL, Joan: *Setanta anys de vida artística barcelonina*. Edic. Selecta. Barcelona, 1980.

FÀBREGAS I BARRI, Esteve: *Togores, l'obra, l'home, l'època*. Edit. Aedos. Barcelona, 1970.

Història de l'art català. Edicions 62. Barcelona, 1983.

Museu Viladomat, catàleg. Edició de Viladomat, Francesc. Escaldes-Engordany, 1998.

RIERA, Ignasi: *Els catalans de Franco*. Plaza i Janés. Barcelona, 1998.

SANCHEZ I GONZÁLEZ, Miquel: *La Cerdanyola Contemporània (1814-1975)*. Edició d'autor. Cerdanyola, maig, 1983.

"Talaia". Revista de Cerdanyola-Ripollet, any 1931.

Viladomat, Josep, catàleg Exposició Permanent. Escaldes-Engordany, 1986.

www.ingramcontent.com/pod-product-compliance
Lightning Source LLC
Chambersburg PA
CBHW061216180526
45170CB00003B/1028